contemporanea | trecentoventis

I lettori che desiderano informarsi
sui libri e sull'insieme delle attività della
Società editrice il Mulino
possono consultare il sito Internet:

www.mulino.it

Emanuele Felice Alberto Mingardi

Libertà contro libertà

Un duello sulla società aperta

il Mulino

ISBN 978-88-15-38869-8

Redazione e produzione: Edimill srl – www.edimill.it

Indice

Introduzione

La maggior parte dei professori ha definitivamente corredato il loro cervello come una casa nella quale si conti di passare comodamente tutto il resto della vita. Ad ogni minimo accenno di dubbio vi diventano nemici velenosissimi, presi da una folle paura di dover ripensare il già pensato e doversi rimettere al lavoro. Per salvare dalla morte le loro idee preferiscono consacrarsi, essi, alla morte dell'intelletto.

Benedetto Croce, 1906

La libertà di cui parlo non è quella della coscienza individuale la quale vive anche nelle galere e nei campi di concentramento e fa gli eroi ed i martiri; ma è la libertà pratica dell'uomo comune [...] di esercitare [...] qualunque mestiere o professione piaccia al singolo [...]; la libertà di muoversi da luogo a luogo senza sottostare a vincoli che, quando ci sono, non sono nient'affatto diversi dal domicilio coatto o dalla servitù della gleba.

Luigi Einaudi, 1948

«No, il dibattito no». Lo abbiamo pensato anche noi, tante volte, come gli spettatori che fuggono da quella sala cinematografica nel primo film di Nanni Moretti. Spesso i dibattiti rispondono a liturgie desuete, si fanno perché si devono, obbediscono alla ritualità della politica. E ogni tanto invece sono un baluginare di scimitarre verbali, non servono a misurare la distanza delle posizioni, a capire o a far capire, ma solo a contare gli applausi.

Questo non è un dibattito: è un duello. I due autori di questo libro non lo hanno scritto per fare uno sforzo di sintesi, di mediazione, di compromesso. Sono serenamente in disaccordo, come vedrà il lettore, su molte cose. Ma su una sono d'accordissimo: il confronto intellettuale, libero, onesto, anche duro, franco, è il cardine delle nostre società aperte.

Non è uno scandalo avere opinioni diverse e non è necessario trovare punti di convergenza. Le società libere non vogliono ridurre molte idee a una, esattamente come non desiderano obbligare chi ci vive ad avere un'unica «identità». Sono società di *individui*: diverse, plurali, magari un po' caotiche.

Entrambi gli autori di questo libro appartengono a una generazione che, negli ultimi anni, ha sperimentato nuove forme di diversità ma è sempre più estranea all'idea della diversità in politica. È una generazione abituata, anche dai social media, alla discussione rigorosamente fra simili, alle camere dell'eco, più che al confronto, magari anche aspro, con l'altro, col diverso da sé.

Anche per questo abbiamo deciso di accettare il duello, affidando al *mezzo* prima ancora che al *messaggio* un intento pedagogico. È un invito a una cultura politica più consapevole, più meditata. Crediamo sia proprio da questo sviscerare le opinioni e metterle a paragone che nasce non solo il piacere: quello di scrivere questo libro, di commentare e riflettere autori immensamente più grandi di noi e di farli duellare per nostro tramite, navigando nella storia e sbarcando nel presente (e, speriamo, il piacere di leggerci); ma nasce anche quella ricchezza di idee, di angolature, di luci, che dovrebbe aiutarci a inquadrare i problemi e a trovare risposte – o almeno, domande nuove.

Il libero confronto delle idee è o dovrebbe essere alla base della scienza moderna, dell'economia di mercato, della democrazia: è da lì che nascono le istituzioni e la forza (non la debolezza), la prosperità (e non la miseria) del mondo moderno. E quanto più le cose si fanno complicate, quanto più gli interrogativi difficili, tanto più dovrebbe esserci il confronto. Ma è un confronto che non è facile trovare, oggi, in un'attualità schiacciata sulla battuta fulminante, sulla comunicazione a effetto. Di cui ci sarà pure bisogno, per carità. Ma c'è bisogno anche del passo e dello sguardo più lungo. Ecco, un libro ha campi più larghi e meglio coltivati in cui muoversi, un orizzonte più ampio a cui guardare. Come i duelli di una volta, non è una rissa. Ha le sue regole. È una prova, fondata sul rispetto reciproco. Che invita alla riflessione, al viaggio.

«Non sapete quanto siete fortunati, dal momento che viaggiare con speranza è ben meglio che arrivare, e il vero successo è faticare». Nel viaggio di questo libro, ognuno dei due ha messo quel che vede dal finestrino. Il panorama sembra diverso, a seconda della prospettiva. La direzione non è chiara.

Siamo in marcia verso il crepuscolo, direbbe qualcuno: il tramonto dell'Occidente? Che rimarrà, in un mondo necessariamente diverso, dei suoi valori? È in declino inesorabile questa cultura occidentale, umanista e libera, della libertà e della vita? Non ha più nulla da dire? O è destinata inevitabilmente a scontrarsi, in un combattimento mortale, con l'autoritarismo? Come la nottola di Minerva, che filosofeggia al calar della sera sul giorno che fu: così forse siamo noi, e tu che ci leggi, che guardiamo indietro e ci accapigliamo sul cornicione di un edificio in rovina, mentre l'abisso di nuove tirannidi, più o meno evidentemente tali, si apre sotto i nostri passi?

Probabilmente il futuro è aperto, come sempre, la storia non è mai scritta in anticipo: tutto dipende dalle nostre scelte, individuali, nella società. Sì, ma quali scelte? E in base a quali criteri? E in quali ambiti?

Per rispondere, il nostro duello si muove su tre piani, intrecciandoli un po': l'etica, l'economia, la politica. E lo fa guardando alla storia, all'attualità e anche a quel che possiamo immaginare del futuro. Un futuro inevitabilmente presente, immaginato a partire dai dati e dalle immagini del mondo che conosciamo. In che modo i principi e le intuizioni del liberalismo possono essere utili, o magari vitali, oggi e domani? Con quali gambe potrebbero camminare? E per andare dove?

Queste domande, come sempre le buone domande, ne suscitano altre. Che cos'è questo liberalismo? Qual è il suo rapporto con lo Stato, con il mercato, con la democrazia? O con la felicità e la realizzazione personale? Perché pensiamo che non debba essere abbandonato e, anzi, rafforzato? E come si fa a «rafforzarlo»? Che significa di preciso? Se la libertà è così importante, qual è il prezzo da pagare per essa?

Le risposte dei due autori, spesso, non potrebbero essere più diverse. Ma se non si hanno opinioni diverse, che si discute a fare? A condizione che lo si faccia in maniera intellettualmente onesta, crediamo, senza nascondere le proprie divergenze e senza ridurre a caricatura il pensiero dell'altro. Se queste sono le regole d'ingaggio, allora forse a duellare ci si diverte anche. E infatti ci siamo anche divertiti. Per esempio nel compilare una playlist, che nasce dalle citazioni in esergo di ogni nostro capitolo e che troverete a degna chiusura del volume. Ci siamo detti: iniziamo dal verso di una canzone. Ma poi le canzoni non sono mai abbastanza: e allora diventa un duello anche musicale. Gusti diversi? Non sempre. E qui davvero, chi preferire? Ma è così in fondo anche nella contesa intellettuale. Un duello senza sciabole e pistole non si risolve con una stoccata o con un colpo. Sta a chi legge scegliere a chi dare ragione. Gli autori di questo libro, più che segnare i punti, sarebbero contenti di aver stimolato qualche pensiero e qualche curiosità.

EMANUELE FELICE
ALBERTO MINGARDI

Parte prima | Ieri

Partiamo da lontano: dalla storia, dalle definizioni. Il dibattito contemporaneo sembra schiacciato sul presente ma se è vero che anche i più pragmatici fra i politici «che si ritengono completamente liberi da ogni influenza intellettuale, sono generalmente schiavi di qualche economista defunto», è bene chiedersi cosa pensassero economisti e filosofi defunti.
Che cos'è, di preciso, il liberalismo? Quando, dove, come si afferma storicamente? Che cosa promette agli individui, che cosa esige dalle istituzioni?
Esistono tanti modi di intendere la libertà, e anche di capire il liberalismo. Si tratta di un grande progetto di emancipazione, ancora attuale? O del portato di una evoluzione storica graduale? È una filosofia morale, o una dottrina politica in senso stretto? E come si misura con altri pensieri, per esempio con quello socialista? C'è continuità o opposizione?

1. Vorrei essere libero

di E. Felice

Que no se quede callado
quien quiera vivir feliz.

Atahualpa Yupanqui,
Le tengo rabia al silencio, 1956

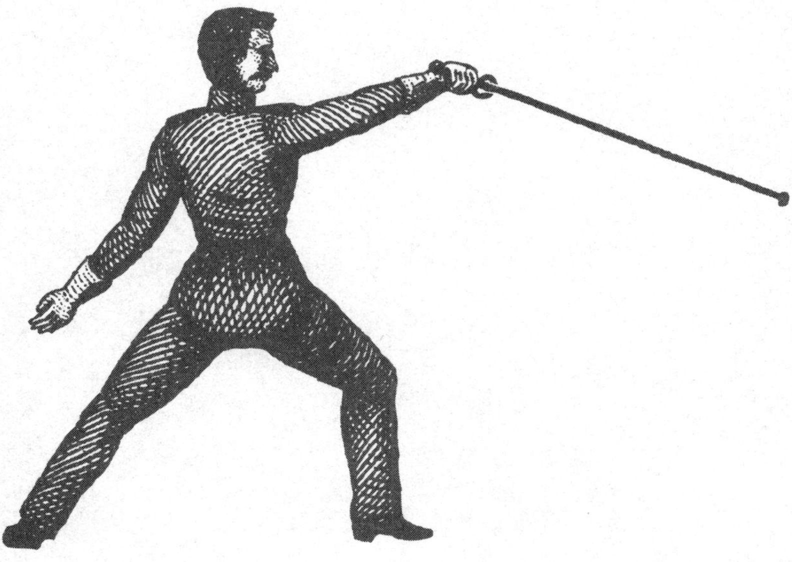

La libertà che viene prima di tutte

Millenni di storia umana si sono fondati sul silenzio. Il silenzio imposto sugli oppressi, a volte perfino sugli oppressori. La prima libertà è questa: potere esprimere il proprio pensiero, sostenere quello in cui si crede. Lottare per le proprie idee. Il pensiero, certo, nessuno lo può fermare. Ma è la parola che comunica il pensiero, che lo moltiplica, può farne leva per trasformare il mondo; ed è l'unione di pensiero e parola che ci distingue come esseri umani. Ed è questa parola, la parola umana, la nostra essenza più viva, che i regimi precedenti la nascita del liberalismo, come regola generale (con eccezioni, certo, fra una civiltà e un'altra, con gradi, nello spazio e nel tempo) proibiscono. La libertà di parola: fu la prima conquista del liberalismo, pagata cara, e autentica, il suo primo dono – sofferto, combattuto, prezioso – alla storia del genere umano.

La libertà di parlare. La libertà di scrivere. La libertà della scienza, la libertà di fare ricerca, di interrogarsi sul significato e la natura del mondo, della vita, della storia. Il liberalismo comincia la sua gestazione, lungo il lembo occidentale d'Eurasia, nel mezzo di un conflitto plurisecolare che vede i sostenitori della libertà ingaggiare battaglia, all'inizio come il Davide contro Golia, e spesso a costo della loro vita, contro chi quella libertà reprime e calpesta, da secoli o da millenni. Da una parte il potere politico e il potere religioso, il monarca e la chiesa, che però si separano, presto, nel mondo latino a differenza che in quello ortodosso. È la «lotta per le investiture», fra XI e XII secolo: e in quella frattura, nelle crepe di un potere non più monolitico, e non più necessariamente fondato sulla terra e sugli eserciti, ma su un prestigio immateriale (come è la Chiesa), possono trovare spazio le repubbliche dei mercanti, e la finanza e l'economia; si affermano le città, sorgono le prime università. Fateci caso: è allora che vengono inventati gli occhiali, un oggetto relativamente semplice, che pure ci permette di mantenere in piena funzione il nostro senso più importante, di continuare a leggere e a scrivere, a lavorare. Un oggetto certamente già alla portata delle tecniche e delle conoscenze degli antichi romani, e poi dei musulmani, o dei cinesi. Ma che diventa realtà solo nelle Repubbliche marinare italiane, a Venezia e a Pisa, alla fine del Duecento. Ed è in quegli stessi anni che si cominciano a costruire gli orologi meccanici, segno di un nuovo rapporto con la tecnica, e con il tempo, che sembra già un preludio al mondo che sarà.

Comincia anche la battaglia per la libertà. Una battaglia epocale perché mai, fino ad allora, la libertà aveva vinto. A volte era fiorita, in parte: come nelle città della Grecia classica, o perfino in quelle scientificamente e culturalmente più progredite dell'Islam medievale, Cordoba, Samarcanda. Ma alla fine la libertà si era sempre dovuta arrendere ai dogmi del potere, qui come in Oriente, o in ogni altro angolo del globo, e in ogni tempo. Dogmi talmente radicati nelle origini della storia umana – in quella Rivoluzione agricola da cui nascono anche gli Stati e la scrittura – da apparire inscalfibili, da potersi presentare come l'ordine naturale delle cose (nulla di più falso! Non lo erano). Questa volta va diversamente, per un sommarsi di fattori, in parte dovuti al caso, che vanno dalle conseguenze della peste del Trecento nelle regioni più urbanizzate d'Europa (dove il crollo demografico porta allo sgretolamento del mondo feudale e a un ulteriore rafforzamento delle città), all'avvio di lì a poco dei grandi viaggi di esplorazione (da questo stesso lembo occidentale d'Eurasia cui la conquista ottomana di Costantinopoli, con il risorgere di un enorme impero musulmano, aveva precluso le vie dell'Oriente), fino al pluralismo del potere e dei poteri: pluralismo che limita la capacità di oppressione e che diventerà poi, non a caso, il tratto distintivo del liberalismo politico. E che favorisce la competizione. Ecco che dopo gli occhiali, e gli orologi, arriva la stampa, a incoraggiare la diffusione della conoscenza e il dibattito delle idee. Nulla sarà più come prima.

È un processo plurisecolare, nel quale i combattenti per la libertà, pionieri e artefici del liberalismo, diventano a poco a poco più forti – economicamente, culturalmente, politicamente – e alla fine si impongono. Per la prima volta nella storia. Cambieranno il mondo. Scardinano, pezzo per pezzo, un edificio che sembrava indistruttibile. I loro avversari si dividono. Si divide il potere politico, frammentato in una pluralità di Stati, rivali, che hanno interesse a promuovere l'innovazione e, quindi, favoriscono la libertà di ricerca, cercando di far venire da loro gli ingegni più brillanti. Si divide il potere religioso, con la Riforma, ancora di più: non c'è adesso un'unica visione del Cosmo, del bene e del male, della felicità umana. E se Bruno muore sul rogo, a Roma, nel 1600, se nel 1633 Galileo è costretto all'abiura, in Italia, davanti alla Santa Inquisizione, lo stesso Galileo pubblica cinque anni dopo, nell'Olanda calvinista, il suo libro più importante (*Discorsi e dimostrazioni matematiche intorno a due nuove scienze*). E in quella nazione rivale appena un poco più in là, un braccio di mare, in Inghilterra, si completerà cinquant'anni dopo la Rivoluzione scientifica: i *Principia* di Isaac Newton sono del 1687.

Il Seicento è il secolo della Rivoluzione scientifica ed è il secolo delle guerre di religione. Gli scienziati aspirano alla stima dei loro «pari» e al sostegno economico di un «principe» illuminato, mentre questi cerca di attirare a sé gli scienziati migliori. Nasce la «Repubblica delle lettere», modello della vita accademica ancora oggi, alveo delle idee liberali, un paese immaginario che raccoglie i dotti, alla ricerca del bene comune, con ambizioni universaliste rispetto alla frammentazione politica, culturale e religiosa dell'Europa: si caratterizza per la libertà di discussione e la critica dell'*ipse dixit*. Ma contemporaneamente, nell'Europa centrale, la Guerra dei trent'anni (1618-1648), fra protestanti e cattolici, fra interpretazioni un po' diverse di una religione fondata da chi esortava a porgere l'altra guancia, quella guerra, ebbene, fa un numero di vittime in rapporto agli abitanti che sarà superato solo dai due conflitti mondiali: mai si era visto nulla del genere, provocato dall'uomo, nel nostro continente. Ebbene, è proprio allora che viene formulata, in modo compiuto, l'idea dei diritti dell'uomo, di cui ognuno di noi è titolare in quanto essere umano: è davanti a quegli orrori, per metterli al bando. L'olandese Ugo Grozio, che ne è il padre, non inizia dal nulla. Alle sue spalle ha secoli, millenni a volte, in cui le suggestioni di un diritto naturale (il giusnaturalismo) sono emerse di tanto in tanto, in Occidente soprattutto; dai filosofi greci (alcuni sofisti: Alcidamante, Ippia di Elide) a Cicerone, allo stoicismo e poi da lì al Cristianesimo, a poco a poco si va strutturando un pensiero incentrato sulla dignità della persona umana. Grozio prova a ragionare anche nell'ipotesi («che non può farsi senza empietà gravissima», aggiunge per cautelarsi: ah la libertà di parola!) che Dio non esistesse. Una morale della dignità umana fondata sull'uomo, non su Dio, e su un'ideale di felicità terrena: qui, su questa terra. E che orienti la politica.

Di lì a poco, con la Gloriosa Rivoluzione (1688-1689), il Regno d'Inghilterra diventa il primo Stato liberale della storia. Coincidenze: appena un anno prima, la Rivoluzione scientifica toccava forse il punto più alto, con la pubblicazione come accennato dei *Principia* di Newton, proprio in Inghilterra. E appena un anno dopo, nel 1690, il filosofo John Locke darà alle stampe quello che del liberalismo si può considerare il testo fondativo: il *Secondo trattato sul governo*. Alla base del liberalismo vi sono, per John Locke, i diritti dell'uomo: la vita, la libertà, l'uguaglianza di fronte alla legge, la proprietà (fondata a sua volta sul lavoro: ma ci torneremo). Lo Stato deve garantire ai cittadini questi «diritti naturali». Se non lo fa, come *extrema ratio*, i cittadini hanno il diritto alla rivoluzione.

Nella seconda metà del Settecento, le dichiarazioni dei diritti dell'uomo diventeranno il manifesto delle rivoluzioni borghesi, nelle Americhe e in Francia. Il liberalismo si fa lotta politica, una lotta molto dura. Nel frattempo, con l'Illuminismo, alle scienze esatte si affiancano le scienze umane e sociali (l'etica, la politica, la storia, l'economia) nella libertà di ricerca: la battaglia delle idee fra «antichi» e «moderni» dilaga in tutti i campi e travolge le antiche istituzioni, cambia, finalmente, i costumi, le leggi. Si trasforma in una battaglia, in carne e ossa, anche violenta, fra i liberali e i conservatori. In cui i primi vincono, gradualmente, in tutto l'Occidente, nel corso dell'Ottocento. Con l'aiuto della Rivoluzione industriale, che loro stessi incarnano, avviando lo sviluppo economico moderno. L'idea liberale sembra lo spirito della storia, direbbe Hegel, destinato ad affermarsi, anche perché è lo spirito della borghesia in espansione.

Il liberalismo diventa allora l'ideologia principale (non l'unica) della modernità. Un'ideologia, spiega Hegel in *Lezioni di filosofia della storia* (1837), che interpreta la storia come storia della progressiva affermazione della libertà umana. È questo forse il cardine di tutto il pensiero liberale, pur nelle sue molte ramificazioni: la libertà, come essenza del liberalismo. L'unico ideale, dirà Benedetto Croce un secolo dopo, «che faccia battere il cuore dell'uomo, nella sua qualità di uomo»: se muore la libertà, scrive il filosofo nel 1938, proprio mentre l'Europa soccombe al fascino e alle catene dei totalitarismi, «allora infatti è la vita stessa che muore»[1].

La libertà di parola, innanzitutto, di ricerca, di organizzazione politica. La libertà di religione (o di non religione). La libertà economica. La libertà, oggi lo vediamo con chiarezza, anche di innamorarci, di sposarci o non sposarci, di divorziare, di essere o di amare chi vogliamo. Queste libertà ci sono perché il liberalismo ha dato loro la forza di diritti umani. Sono nostri diritti. Ma tutte queste libertà sono possibili, e diventano diritti, e si possono ampliare progressivamente come è avvenuto almeno nel mondo occidentale (si pensi solo alla liberazione dell'amore, negli ultimi sessant'anni, al fatto che oggi nessuno possa più dirci chi dovremmo amare o non amare), perché all'origine vi è una libertà che tutte le rende possibile, e che è costata secoli di lotta. La libertà di parola. E quindi di pensiero, di critica, di ricerca scientifica. È questa che ha aperto la strada al mondo moderno, di cui il liberalismo è assurto, non a caso, a filosofia egemone. Ed è da questa libertà, nella Repubblica delle lettere, che gli ideali del liberalismo sono germogliati inizialmente e hanno preso forma, prima ancora che il liberalismo nascesse: è da lì che vengono tutti i liberali, dalla lotta contro i dogmi, contro qualsiasi dogma, in nome di una ragione umana libera, indagatrice, che non conosce altra autorità che sé stessa. Non dimentichiamocene.

Ed è questa, la libertà di pensiero, di parola e di critica, anche la prima e più umana di tutte le libertà, perché l'unione di parola e pensiero è la nostra caratteristica distintiva, di esseri umani, rispetto a tutti gli altri viventi. È lei che ha reso possibile, se mai *è* possibile, che ognuno fosse libero di ricercare la propria felicità, la propria strada nell'assurdo della vita, o nell'inferno della storia. Che non resti in silenzio, chi vuole vivere felice!

Chi ha composto i versi in epigrafe, un argentino che si faceva chiamare Atahualpa Yupanqui, fu più volte incarcerato, negli anni Trenta e Quaranta del secolo scorso, per le sue canzoni e le sue idee politiche. Venne torturato; gli ruppero l'indice destro, per non fargli suonare la chitarra (ma era mancino). Alla fine, nel 1949, Atahualpa lasciò il suo paese e andò a vivere in Francia, pur tornando spesso in Argentina. Fece bene. Era l'epoca degli *chansonniers* e i francesi non solo gli diedero la libertà di cantare, di lavorare, di vivere, ma apprezzarono e valorizzarono la sua opera: incidendo i suoi dischi, traducendo e reinterpretando le sue canzoni. Le quali rimasero sempre legate alle sue terre di origine, ma devono il successo internazionale alla Parigi di Édith Piaf. Se Atahualpa è potuto diventare (secondo alcuni) il più grande autore di musica folklorica al mondo, lo deve alla sua patria di elezione. E non ha certo rinunciato a cantare la sua patria di origine, l'Argentina. Anzi: è proprio andando via che è riuscito a esaltarla.

Quante sono le nostre identità? Come cambiano nel corso della vita, come convivono? La libertà di ogni essere umano non è, in fondo, anche questo? Scegliere di essere figli della nostra terra, o scegliere di abbandonarla. O scegliere addirittura le due cose insieme.

> E pensavo non senza malinconia (così mi pareva a volte di essere straniero e diverso) che forse l'uomo, piuttosto che figlio della sua gente, è figlio della vita universale, che si attua di volta in volta in modo nuovo; piuttosto che *filius loci*, è *filius temporis*.

Lo scrive Benedetto Croce, in appendice alla sua *Storia del Regno di Napoli* (1925), nelle due «piccole monografie» di storia locale, su Pescasseroli e Montenerodomo (i due paeselli dell'Abruzzo in cui era nato e cresciuto da bambino)[2]. Credo abbia ragione. Noi non siamo figli della geografia, siamo figli del nostro tempo e delle nostre scelte, siamo figli della storia, e ognuno ha il diritto di interpretare la propria vita come meglio crede. Non esiste un destino precostituito. Spesso non esiste nemmeno un unico destino, o un'unica identità. La libertà ammette la contraddizione. E la purezza, non di rado, è una strada che ci porta all'oppressione.

Di più, meglio forse. *Life is not about finding yourself, or finding anything. Life is about creating yourself.* La frase – pronunciata nel 2019 da Bob Dylan, nel docu-film di Martin Scorsese *Rolling Thunder Revue: A Bob Dylan Story*[3] – può essere una sintesi della filosofia esistenzialista, cioè di quella corrente di pensiero che, alla metà del Novecento, di fronte all'assurdo della vita e all'orrore del nazismo (o delle guerre mondiali, dei totalitarismi), provò a ridare un significato alla nostra esistenza. Noi siamo figli delle scelte che facciamo. Siamo, nell'assurdo, quello che decidiamo di essere: siamo noi a dare senso (o *sensi*) alla vita. Con tutte le nostre contraddizioni, certo. Ma liberi (relativamente liberi, si intende, perché la libertà vera è un'illusione, ci dice l'odierna fisica, ma a noi quel che importa è che crediamo di esserlo). E responsabili delle nostre azioni.

Noi possiamo quindi cambiare nome, come fece da ragazzo Atahualpa Yupanqui e come farà poi lo stesso Dylan. Possiamo anche cambiare sesso, o soltanto genere. La libertà può essere cambiare vita, anche più di una volta, cambiare lavoro, amore, città, partito; la patria dell'anima, o la patria giuridica. Per cambiare sé stessi, per contaminarsi, o per rimanere sé stessi. Per creare sé stessi. A volte anche solo per rimanere vivi (letteralmente). Per tentare di essere felici. Perché la vita, la libertà e la felicità sono inseparabili, nella concezione liberale della persona umana.

Albert Einstein fu costretto a cambiare patria, se voleva sopravvivere, quando nel 1933 lasciò la Germania; ma scelse di non tornare a viverci nemmeno dopo la Seconda guerra mondiale. E all'epoca della Rivoluzione scientifica, in quella grande battaglia di idee fra antichi e moderni, gli uomini colti cambiavano spesso residenza, diciamo così, giravano i paesi europei cercando chi offrisse loro protezione e la possibilità di dedicarsi, con una certa libertà, agli studi che amavano. Non sempre andava tutto bene, ovviamente (pensiamo a Giovanni Keplero, che finì vittima delle guerre di religione). E non sempre erano grandi scienziati (pensiamo a Giacomo Casanova). Ma quegli studiosi e uomini di lettere dell'Età moderna che si muovevano di città in città, con alterne fortune, e dai profili e dagli interessi più vari, anticipano un fenomeno che diventerà poi di massa, non più solo per le élite colte o per qualche minoranza discriminata (gli ebrei, i puritani): emigrare, per mettere a frutto il proprio talento. Con lo sviluppo economico moderno, nel corso dell'Ottocento, assistiamo a un processo di liberazione delle persone dal loro luogo di origine, cioè a migrazioni volontarie, che per dimensioni è di gran lunga senza precedenti, nella storia umana. Ci si trasferisce dalle campagne alle città, certo, per trovare lavoro nelle fabbriche (spesso, all'inizio, ritrovandosi in condizioni peggiori di quelle di partenza: ma era pur sempre una scelta). E si emigra, come mai prima, da una nazione a un'altra, e poi da un continente a un altro. Le grandi nazioni di approdo, gli Stati Uniti d'America, ma anche l'Argentina, il Brasile, incoraggiano queste migrazioni. Nell'epoca del cosiddetto «liberalismo classico», la libertà di andare via, lontano, di cercar fortuna in un altro paese, e di tornare poi magari, o di non tornare, era considerata parte integrante della realizzazione di ogni persona: e divenne realtà, lo divenne anche per milioni e milioni di cittadini poveri europei (contadini italiani, irlandesi, slavi), favorendo peraltro anche una convergenza dei redditi da regioni più povere (la periferia europea, Italia inclusa) ad altre più ricche (le Americhe, Argentina allora inclusa). Per inciso, oggi gli Stati ricchi ostacolano le migrazioni: hanno paura di perdere la loro ricchezza, il loro benessere, la loro cultura. Abbiamo così rinunciato, chissà fino a che punto con cognizione di causa, a uno dei pilastri di una società libera *globale*.

Nelle età che precedono il liberalismo, la vita e la «felicità» di una persona erano invece marcate alla nascita: dal proprio sesso biologico, dalla condizione dei genitori, dal luogo stesso in cui si veniva al mondo. Vi erano eccezioni, certo: la carriera nella Chiesa, a volte quella militare, qualche mercante o avventuriero e, in misura limitata (dalle regole delle corporazioni), le opportunità offerte dalla città. Ma erano appunto eccezioni. Chi nasceva figlio di servi della gleba, con ogni probabilità avrebbe fatto quello per tutta la vita, e nello stesso posto. Ma anche chi nasceva semplicemente contadino, anche se non servo, aveva il destino segnato, se non altro perché in genere non aveva la possibilità di studiare. E chi nasceva donna aveva comunque, e ovunque nel mondo, meno diritti e meno opportunità di chi nasceva uomo. Sia ben chiaro che obbligazioni e vincoli riguardavano anche le classi alte: più si saliva di rango, e di privilegi, ad esempio, più diveniva inconcepibile il matrimonio per amore (e pensate a quanto questo potesse influire sulla felicità personale): si sposava chi bisognava sposare. Anche a quei tempi naturalmente a qualcuno poteva capitare di cambiare vita, patria, nome perfino; ma erano eventi fortuiti e rari. A qualcuno poteva andare bene: al Sinan Capudàn Pascià cantato da Fabrizio De André, che divenne gran visir sotto Maometto III, nell'Impero ottomano, e che era nato nobile genovese, Scipione Cicala, catturato dai turchi nel 1560 o 1561; o a Giovanni Leone de' Medici, detto Leone l'Africano, nato al-Hasan ibn Muhammad Al-Wassan al-Fasi, nella Granada ancora araba, che fu invece fatto prigioniero dai corsari cristiani, nel 1518, e divenne poi un collaboratore del Papa. Ma sono casi singoli, che non fanno un'epoca. Di norma il destino di chi si trovava a cambiare patria, peraltro non per sua scelta, era ben altro: finire schiavo. La perdita di anche quel poco di libertà di cui godeva prima. Il contrario della realizzazione personale.

Insomma. Per secoli e per millenni, la stragrande maggioranza delle persone è stata costretta a fare, nella vita, quello a cui veniva destinata dalla nascita. Non poteva scegliere. Di più. Doveva anche pensare, o far finta di pensare, di conseguenza: da cristiano, se nato in un paese cristiano (e da luterano anziché cattolico, o viceversa). Ed era «giusto», naturale, che fosse così. L'alternativa era la schiavitù, cioè una costrizione ancora più terribile e feroce.

Il liberalismo ribalta tutto questo. Qualcuno dirà che lo fa sul piano ideale, certo, molto meno su quello pratico (ma non è del tutto vero: ripensiamo alle grandi migrazioni dell'Ottocento, con il liberalismo classico). Libertà di pensiero, quindi, di religione, di parola. Libertà di lavoro, di emigrare (non dimentichiamocene), di cambiare patria, di innamorarsi, o di reinnamorarsi – o di non innamorarsi, di non sposarsi. È il «diritto alla ricerca della felicità», la libertà, in fondo, di provare a costruire la propria felicità, qualunque essa sia. Lo proclama solennemente la dichiarazione di indipendenza degli Stati Uniti, nel 1776: tutti gli uomini sono creati uguali, sono dotati di inalienabili diritti e, fra questi, vi sono la vita, la libertà, la ricerca della felicità. Immanuel Kant, nel saggio *Sul detto comune* (1793), la spiega così: «Nessuno mi può costringere ad essere felice a suo modo (nel modo in cui questi si immagina il benessere di altri uomini), ma ognuno deve poter cercare la sua felicità per la via che gli appare buona, purché non leda l'altrui libertà di tendere a un analogo fine». Aggiungendo subito dopo, punto chiave: «Libertà che possa accordarsi con la libertà di ognuno (ossia con questo diritto dell'altro) secondo una possibile legge universale»[4].

Ma che cosa vuol dire, in concreto, il diritto alla ricerca della felicità? In che senso non deve pregiudicare la libertà degli altri? (Cos'è poi questa storia della «legge universale»?)

È qui che le cose si complicano.

Uguaglianza e libertà

All'epoca della Rivoluzione americana il diritto alla ricerca della felicità fu, per alcuni, una formulazione troppo vaga. Non spuntava dal nulla, a dire il vero: veniva dalle riflessioni che portavano avanti alcuni filosofi illuministi, in diverse regioni d'Europa, fra cui il napoletano Gaetano Filangieri, e che influenzarono i rivoluzionari americani. Ma di lì a poco una parte del liberalismo rifiutò questa impostazione, troppo ampia (vaga), preferendone una più limitata (precisa). La dichiarazione dei diritti della Rivoluzione francese, nel 1789 (la prima e la più nota delle tre che verranno), non ne fa menzione: i «diritti naturali e imprescrittibili dell'uomo» sono «la libertà, la proprietà, la sicurezza e la resistenza all'oppressione» (art. 2). È un'impostazione simile a quella di John Locke, quasi un secolo prima: al posto della ricerca della felicità troviamo, semplicemente, la proprietà. Nel corso dell'Ottocento, il liberalismo (cosiddetto «classico») seguirà queste coordinate: strutturandosi come l'ideologia politica del capitalismo, e della borghesia, fondata sulla difesa della proprietà privata; e alternativa al socialismo.

Se però guardiamo alla Dichiarazione universale dei diritti umani votata dalle Nazioni Unite nel dicembre 1948, subito dopo la Seconda guerra mondiale, scopriamo molto di più. Accanto ai tradizionali diritti civili e politici ora vi sono infatti il diritto al lavoro, a un'equa retribuzione e all'associazione sindacale, alle ferie retribuite, a un salario che garantisca un adeguato tenore di vita; e poi all'assistenza sanitaria, alla pensione, all'istruzione. È come se il diritto alla ricerca della felicità fosse stato ripreso, adesso, e sciolto in una serie di dimensioni, che vanno dalle libertà civili e politiche ai diritti economici, sociali, culturali. Non a caso la stesura di quel testo fu merito soprattutto di Eleanor Roosevelt, la moglie del grande presidente degli Stati Uniti morto da poco, il democratico Franklin Delano Roosevelt. Da notare che quella dichiarazione non fu votata da tutti: si astennero l'Arabia Saudita e lo Yemen (non partecipò al voto), il Sudafrica, allora apertamente razzista, l'Urss e le nazioni del neocostituito blocco sovietico; esempi che, per motivi diversi, non sono riconducibili alla democrazia liberale[5].

La Costituzione italiana è sulla linea della Dichiarazione universale: non a caso viene scritta negli stessi anni. Ma in aggiunta, nella nostra Costituzione, leggiamo (art. 3) che la Repubblica ha come compito di «rimuovere gli ostacoli di ordine economico e sociale che, limitando di fatto la libertà e l'uguaglianza dei cittadini, impediscono il pieno sviluppo della persona umana». Un intervento dello Stato piuttosto invasivo, sembrerebbe, dove peraltro si lascia intendere che libertà e uguaglianza sono complementari, più che alternative. Ora, la nostra è ovviamente la costituzione di un paese liberaldemocratico, non siamo nel socialismo reale e nessuno si sognerebbe di dire (credo) che la nostra carta fondamentale è liberticida. Al contrario, la Costituzione italiana è considerata molto avanzata, dove questa qualità (per il metro del tempo) è data in sostanza dall'attenzione per i diritti sociali, ed economici e culturali, come aspetti fondamentali della realizzazione di ogni persona: come diritti umani. O se vogliamo, dall'incontro con il pensiero socialista e democratico. Ora insomma liberalismo e socialismo non sono più alternativi, ma per molti aspetti complementari.

Che cosa era successo? Perché si era superata un'accezione restrittiva dei diritti umani, limitata alle libertà civili e politiche e alla proprietà privata, e si era tornati a una visione molto più ampia, che contempla i diritti sociali, economici, culturali? Era successo che il liberalismo classico, incentrato sulla proprietà e che sotto una patina di uguaglianza formale accettava enormi disuguaglianze, era finito con un piede nell'abisso – per usare un'espressione colorita. E con lui l'intero mondo occidentale, quasi l'intera Europa. Il fascismo, il nazismo, il comunismo, che si erano tutti alimentati in parte delle contraddizioni del liberalismo, ma prima di loro anche il nazionalismo bellicista, avevano inferto colpi durissimi all'ideale liberale dei diritti umani, alla visione della storia come graduale espansione della libertà, alla fede nelle «magnifiche sorti e progressive», cioè in un progresso scientifico e tecnologico volto al benessere e all'emancipazione. E fra queste ideologie alternative, dopo la Seconda guerra mondiale quella comunista era più forte che mai. Era successo, insomma, che sul piano storico, sul piano dei fatti, prima ancora che delle enunciazioni teoriche, il liberalismo fondato su una visione minima dei diritti – o sulla primazia se vogliamo della proprietà privata – non reggeva. E non reggeva (attenzione) rispetto alle sue stesse premesse e aspettative. Quella visione minima era un dogma che il mondo liberale lo stava uccidendo, benché forse senza volerlo. Occorreva una visione ben più ampia, adatta alle sfide del Novecento: lo avevano capito i «Nuovi liberali», inglesi (Keynes, Beveridge) e americani (Wilson, Roosevelt), che sul piano internazionale cercarono di impostare una convivenza fra i popoli fondata sul diritto e sulla rinuncia al colonialismo, sul piano interno diedero vita al moderno *welfare State* e teorizzarono, e poi attuarono, l'intervento pubblico per rafforzare e salvare le società liberaldemocratiche. Il «*Nuovo* liberalismo» (o liberalismo sociale, o liberalismo progressista), che è cosa ben diversa dal *neo*liberalismo, era sorto fra Otto e Novecento in contrapposizione al liberalismo classico, per rimediarne ai fallimenti, e si affermerà poi nel mondo occidentale proprio a cavallo della Seconda guerra mondiale, incontrandosi con il pensiero socialdemocratico. Con autentico spirito liberale, questi politici, economisti, filosofi non fecero, in fondo, che prendere atto della realtà: per preservare la libertà occorreva estendere i diritti (e la visione della persona umana) alla dimensione sociale. E bisognava cercare di essere coerenti.

Ma una concezione ampia dei diritti è adeguata probabilmente anche sul piano teorico, non soltanto storico. I due aspetti vanno insieme. Chiariamoci prima su un punto, tuttavia. Il rapporto fra libertà e uguaglianza. Oltre che per la libertà, il liberalismo si caratterizza, sin dall'inizio, e anche qui in rottura fortissima con l'ordine culturale e politico del vecchio mondo, per un altro motivo: l'uguaglianza. Quella dei liberali, si dice, però, è un'uguaglianza solo formale: tutti gli uomini sono uguali di fronte alla legge (beninteso, già così è una svolta epocale, nella storia). Di fatto, si sostiene da sponde diverse, il liberalismo predilige le ragioni della libertà su quelle dell'uguaglianza. Sarà il socialismo poi, nella modernità, a farsi carico di quest'ultima, al punto che sull'antinomia libertà-uguaglianza finirà per giocarsi la stessa differenziazione, nelle democrazie di massa, fra la destra, in sostanza il campo dei liberali, e la sinistra, in sostanza il campo dei socialisti[6]. Ma è davvero così?

Per i liberali, tutti gli uomini nascono dotati degli stessi diritti. Questa è la loro uguaglianza. All'inizio però è contraddittoria, limitata: si parla solo di uomini (le donne non votano, ad esempio), peraltro bianchi (e preferibilmente possidenti: ma quest'ultima condizione si può anche raggiungere, nel corso della vita, mentre le prime due sono immodificabili alla nascita). Tuttavia, nell'arco di due secoli, i soggetti titolari di questi uguali diritti si ampliano progressivamente: oggi siamo d'accordo di ricomprendervi ogni essere umano, indipendentemente dal sesso e dall'etnia (e dalle condizioni economiche e sociali e dalle sue convinzioni). Di nuovo, si dirà, è un'uguaglianza solo formale, o teorica: la legge è uguale per tutti – questo vuole dire. Ma ne siamo sicuri? Se fra i diritti troviamo adesso anche il lavoro, la casa, l'istruzione, la sanità: se si dice ad esempio, come si fa in Europa, che tutti hanno diritto a essere curati, e a un'adeguata istruzione, a spese della collettività; o se si dice che tutti hanno diritto a una giusta retribuzione, o a una pensione dignitosa, o a partecipare alle decisioni dell'impresa in cui lavorano. Se si dice questo, insomma, non si sta passando da una uguaglianza solo formale a una anche, in certa misura, sostanziale? Ecco dunque che il paradigma dei diritti, fondamento del liberalismo, e di diritti che progressivamente si estendono e si reciprocano nei doveri (non ponevano e pongono i diritti sociali, e poi oggi anche quelli ambientali, dei doveri alla libertà d'impresa, al diritto di proprietà?), diventa la chiave per una sintesi, alta, fra libertà e uguaglianza. Sintesi che è nelle più profonde radici storiche, e nella natura stessa, del liberalismo. Dato che senza di essa la libertà muore.

Sì, perché a che cosa serve questa tensione verso un'uguaglianza sostanziale (si badi bene, non una uniformità generale, calata dall'alto, ma una tensione nel vivo della società e della lotta politica verso una sempre maggiore titolarità di diritti e doveri)? Serve ad assicurare il diritto alla ricerca della felicità. Serve ad assicurare, cioè, la massima libertà «reale». E non è un ragionamento astratto. È un ragionamento concretissimo: inscritto nel vissuto di milioni e milioni di persone.

Due fatti.

Il primo è una premessa, l'abbiamo in parte già introdotta. Chi sono stati i primi a creare il moderno *welfare State*, per assicurare i diritti sociali? Sono stati – ma non da soli – i liberali. Nella prima metà del Novecento, infatti, i Nuovi liberali con l'intervento pubblico volevano salvare il liberalismo, volevano mettere le società aperte al riparo dalle minacce mortali del fascismo e del comunismo. Assieme a loro, vi furono i socialisti democratici (e altre culture politiche ancora: i cristiani democratici e sociali, i repubblicani): vi furono cioè coloro che riconoscevano che gli ideali del socialismo si potevano conseguire all'interno della democrazia liberale, e con economie miste in cui fosse lasciato un certo ruolo all'iniziativa privata; dentro cioè quella cornice etica, culturale, politica volta a promuovere i diritti dell'uomo, a partire da quelli civili e politici fino a quelli sociali, economici e culturali. L'incontro fra le due visioni, fra i liberali progressisti e i socialisti democratici, sarà talmente forte che a quell'epoca si cominciò a parlare, non a caso, di «socialismo liberale» (o di «liberalismo sociale»: fra le due espressioni c'è ancora una distinzione sul piano teorico, molto meno su quello pratico). In Italia, fra chi esplicitamente fa sua questa impostazione troviamo l'antifascista Carlo Rosselli, che al confino a Lipari scrive il saggio *Socialismo liberale* (1930), in opposizione anche a chi, dal lato comunista, considerava uguaglianza e libertà contrapposte, e pensava che i diritti sociali dovessero venire prima delle libertà civili e politiche (come era nella Costituzione sovietica). Questi diritti invece legano insieme, si tengono, nella teoria e nella prassi, gli uni con gli altri. Correttamente inteso – libero, democratico, senza dogmi – il socialismo secondo Rosselli è lo sviluppo logico del liberalismo: il suo erede storico (avremo modo di riparlarne).

Dopo la Seconda guerra mondiale, nelle società democratiche più avanzate dell'Occidente, questo incontro fra liberalismo progressista e socialismo democratico, questo amalgama fra le due correnti di pensiero, riesce a diventare, grosso modo, l'opinione dominante[7]. Lo riconosce perfino, nel campo liberale, chi a questa sintesi non appartiene. Lo riconosce Luigi Einaudi: «Negli stati stabili le somiglianze tra le due grandi correnti d'opinione sopravanzano di gran lunga le dissomiglianze». Sono sue parole, nel saggio *Discorso elementare sulle somiglianze e sulle dissomiglianze fra liberalismo e socialismo* (1957). E prosegue: «Oggi in Inghilterra, negli Stati Uniti, nei paesi scandinavi, nella Svizzera, nel Belgio e nell'Olanda, le dissomiglianze fra i due partiti o fra i due gruppi di partiti sono minime; [...] piccole sfumature, rispondenti, più che a differenze sostanziali, a minori modalità di attuazione di principi universalmente accettati»[8]. Insomma, l'incontro fra liberalismo e socialismo appare, nella *golden age* del capitalismo occidentale, la freccia della storia. All'interno di «principi universalmente accettati». I quali altro non sono che i diritti umani progressivamente estesi, come nella Dichiarazione universale dell'Onu, come nella nostra Costituzione.

A uno sguardo di lungo periodo, i socialisti liberali, o Nuovi liberali o liberali progressisti, o socialdemocratici (chiamiamoli come vogliamo), avevano ragione. Qui veniamo al secondo fatto essenziale, quello forse più importante. I diritti civili e i diritti sociali sono effettivamente andati insieme, nella storia dell'Occidente. Non si sono contrapposti! Al contrario. Quando dopo la Seconda guerra mondiale si è affermato, un po' in tutto il campo occidentale, anche per la competizione con il mondo comunista, lo stato sociale, con un pervasivo intervento pubblico, ma all'interno delle regole poste dalle democrazie liberali, le libertà civili e politiche non sono diminuite. Anzi, sono aumentate. La previsione fondamentale di Friedrich von Hayek, in *La via della schiavitù* (1944), secondo cui l'interventismo statale era appunto «la via della schiavitù», si è rivelata sbagliata. E crollando questa previsione, attenzione, crolla tutto l'edificio teorico del neoliberalismo come dottrina *politica*, come poi vedremo. L'Inghilterra dei Beatles e dei Rolling Stones, l'Inghilterra di una straordinaria creatività culturale e di una incipiente rivoluzione dei costumi che avrebbe cambiato il mondo intero, portando alla liberazione dell'amore, era certo un paese libero; e si caratterizzava per una estesa mano pubblica in tutti i settori dell'economia, per una tassazione molto più progressiva di oggi e per un welfare capillare. O forse la Svezia non era un paese libero, nello stesso periodo? O la Germania Ovest, o l'Olanda? O gli Stati Uniti di Kennedy e Johnson, di Martin Luther King, di Bob Dylan e Joan Baez? Anche in Italia la stagione di maggiore avanzamento nelle libertà civili, gli anni Settanta (il divorzio, la riforma del diritto di famiglia con la parità fra donna e uomo, l'aborto legale), è anche quella di maggiore estensione dei diritti sociali e di riduzione delle disuguaglianze. Del resto è logico, a pensarci: per essere libere di decidere della propria vita, ad esempio, le donne devono avere anche i mezzi economici per poterlo fare, cioè un lavoro e un giusto salario. E non solo: per poter scegliere il mio cammino nel mondo, io devo avere garantita una buona istruzione. E devo avere un sussidio di disoccupazione, e una buonuscita, se voglio cambiare lavoro e sperare di trovarne uno più adatto a me (in cui magari sono anche più produttivo).

Detta altrimenti: lo sfruttamento dell'uomo sull'uomo – e dell'uomo sulla donna, e della donna sulla donna – rappresenta la negazione della libertà. Lo affermavano i socialisti e avevano ragione. Fin quando ci sarà chi, troppo povero, è costretto ad accettare qualsiasi lavoro e non ha i mezzi per sperare di emanciparsi dalla sua condizione, di che libertà parliamo? Parliamo della libertà di alcuni, di una minoranza: parliamo quindi non del diritto alla libertà, ma del privilegio della libertà. Se il liberalismo appare ed è il privilegio di alcuni, è destinato a morire. Perché rinnega i suoi valori.

Se le disuguaglianze economiche sono tali da portare all'oppressione dell'uomo sull'uomo, allora vuol dire che non tutti hanno gli stessi diritti. Non tutti hanno lo stesso diritto anche soltanto alla libertà (reale: la loro libertà è scritta, al più, sulla carta). E non tutti possono avere, naturalmente, il diritto alla ricerca della felicità. Questo non è solo un discorso astratto, teorico: è quello che osserviamo nella storia contemporanea, e nel vissuto delle persone, a un'indagine libera da pregiudizi ideologici. Ma è anche un discorso teorico, ovviamente: se c'è l'oppressione, muore il liberalismo. Perché la libertà è il contrario dell'oppressione.

Quale felicità?

Ma perché io non devo essere libero di opprimere un'altra persona? Se, peraltro, quella persona accetta di farsi «opprimere» sottoscrivendo liberamente un contratto, chi sono io per definirla oppressa? E perché qualcuno, lo Stato, una legge distante, dovrebbe impedirci di sottoscrivere questo contratto? (un contratto con un salario sufficiente appena a non morire di fame, ad esempio, o che preveda orari che lasciano solo il tempo per dormire). C'è un ultimo aspetto nella visione etica del liberalismo che occorre affrontare, per capire il punto fino in fondo. Un aspetto che attiene alla natura di noi esseri umani.

Torniamo alla concezione della felicità. Io per essere felice voglio arricchirmi. E per arricchirmi devo estrarre dai miei lavoratori il massimo profitto possibile; e magari devo poter distruggere l'ambiente e magari, se lavoro nella zootecnia, trattare gli animali nel modo più «intensivo» possibile, indifferente ai loro bisogni e alla loro natura, per estrarne il massimo profitto. Perché lo Stato, anche se democratico, o chi per lui, me lo deve vietare? Non è questo suo intervento, per i diritti dei lavoratori, o per i diritti degli animali, o per salvare gli ecosistemi, profondamente illiberale? Forse. O forse, se ordinato dalle regole della democrazia e della separazione dei poteri, è quanto di più liberale vi sia.

Antonio Genovesi era un illuminista napoletano, di ispirazione cristiana, nel 1755 fra i primi titolari al mondo di una cattedra di economia («commercio e meccanica»). Disse di essersi trasformato da metafisico a mercante perché animato dal desiderio di studiare un qualcosa che gli illuministi chiamavano *felicità pubblica*. Aggiunse, nella sua autobiografia: «È legge dell'universo che non si può fare la nostra felicità senza fare quella degli altri»[9]. Eccola dunque, la legge universale?! Ma la frase è celebre, credo, anche perché esagerata: sì, forse si può fare la propria felicità anche opprimendo gli altri. Da notare poi che, invertendo i termini, la sentenza può andar bene anche ai fautori della mano invisibile, *à la* Adam Smith: «non si può fare la felicità degli altri senza fare la nostra felicità». Sembra la stessa cosa, invece cambia tutto. E forse il duello fra le due visioni del liberalismo è tutto qui.

Ma la frase di Genovesi, quella che dice che noi siamo felici cooperando con gli altri, contiene un fondo di verità. Una verità che ci hanno consegnato gli studi sulla biologia comportamentale e la paleoantropologia. Noi esseri umani apparteniamo ai primati, un ordine di mammiferi intensamente sociale e cooperativo (e già la classe dei mammiferi è cooperativa di suo: è proprio questa la chiave del suo successo evolutivo). Per di più, noi siamo un *ultracooperative primate*, come ha scritto Michael Tomasello[10]: la cooperazione è inscritta nel nostro Dna, dalla necessità di cooperare unita al pensiero astratto deriva la «moralità della giustizia», che ci porta alla concezione dei diritti e dei doveri. E difatti la nostra felicità si fonda sulle relazioni che abbiamo con gli altri (questo è quello che ci confermano le indagini empiriche)[11].

Come regola generale. Anche un cane è felice insieme agli altri. Ma la differenza con un cane è, ovviamente, il fatto che noi abbiamo costrutti culturali molto più complessi e questi costrutti possono influenzarci molto, fino a cambiare la nostra stessa idea di felicità. Così possiamo essere felici, o credere di esserlo (è lo stesso), cullandoci nel pensiero di una vita ultraterrena, di un rapporto speciale con il Divino o magari con un nostro caro defunto, oppure accumulando sempre più denaro, e lavorando come forsennati per farlo, a scapito delle relazioni umane.

> Quanto meno tu mangi, bevi, compri libri, vai a teatro, al ballo, in osteria, pensi, ami, teorizzi, canti, dipingi, tiri di scherma ecc., tanto più tu *risparmi*, *più grande* diventa il tuo tesoro che né tarli né rapina divorano, il tuo *capitale*. Quanto meno tu *sei*, quanto meno manifesti la tua vita, tanto più *hai*, più grande è la tua vita *alienata*, più accumuli del tuo essere estraniato.

Sono pagine di Karl Marx, sì proprio lui, intrise di umanesimo, dai *Manoscritti economico-filosofici* del 1844. Di un umanesimo soltanto socialista, che i liberali dovrebbero respingere come altro da sé? Sbaglierebbero. Anche se qui Marx sta criticando proprio la visione che dell'essere umano hanno gli economisti, liberali, del suo tempo: che calcolano come criterio di misura generale la vita «più *miserabile* possibile», in cui tutte le passioni e tutte le attività «devono sprofondare nell'*avidità*»[12]. Non sono parole diverse in fondo dal discorso di Robert Kennedy del 18 marzo 1968, 134 anni dopo, sul Pil: «misura tutto, in breve, eccetto ciò che rende la vita veramente degna di essere vissuta» (e Bob Kennedy era, lui sì, senza dubbio, un liberale, progressista). Ma se Kennedy guardava allora, soprattutto, agli aspetti aggregati dell'economia e della società, Marx qui si rivolge alla condizione individuale.

Magari, l'avaro è anche felice. E comunque avrebbe tutto il diritto di esserlo (a condizione, naturalmente, di arricchirsi rispettando le leggi). Pare, comunque, che la felicità per l'avaro sia un'eccezione.

A partire dagli anni Settanta del Novecento, il paradosso di Easterlin mostra infatti che fra reddito e felicità vi è in effetti una relazione a U rovesciata, a campana. All'inizio, quando siamo molto poveri, al crescere del reddito la felicità aumenta, certo; ma superata una certa soglia, quello che noi accumuliamo, o guadagniamo, va a scapito delle relazioni umane e delle possibilità di godere veramente della vita. Ognuno ha diritto di essere felice come meglio crede, ripetiamolo, e vi sono infatti molte eccezioni – frutto dei nostri costrutti culturali e delle nostre esperienze, che trascendono anche il Dna, molto di più che negli altri mammiferi. Ma in linea di massima, noi esseri umani siamo felici insieme agli altri. Che non sia questa in effetti la legge universale?

La concezione relazionale della persona umana è centrale nel pensiero di Thomas Hill Green, il più influente filosofo inglese di fine Ottocento e che, proseguendo lungo la linea tracciata da John Stuart Mill, ha posto le basi teoriche per il Nuovo liberalismo. La libertà non è solo assenza di costrizione, in negativo («non è uno spazio libero», avrebbe detto Giorgio Gaber)[13]. Ma è una libertà positiva, di «creare», cioè di realizzare qualcosa che sia degno di essere fatto o goduto: e questa qualità le deriva dalle relazioni con gli altri. Di più. Se noi possiamo vedere la storia come realizzazione della libertà umana, è perché intendiamo questa libertà in termini sociali: il prodotto delle capacità delle persone di realizzare sé stesse – o di «creare sé stesse».

L'obiettivo di uno stato democratico-liberale, in linea con la Dichiarazione universale dei diritti umani che ha sottoscritto, o a volte con la sua stessa Costituzione, deve essere quello di garantire le condizioni affinché quante più persone possibili possano realizzarsi: la «fioritura» umana. E allora sì. Innanzitutto, un lavoro degno e un salario giusto: è questione sociale, come lo è l'uso della proprietà, e individuale. E poi una tassazione progressiva e, più in generale, politiche per ridurre le disuguaglianze. Per due motivi. Primo, perché in una società dove le disuguaglianze sono elevate, in cui la gran parte delle persone si colloca ai due estremi della curva a campana di Easterlin (i troppo poveri e i troppo ricchi), lì quelle persone con ogni probabilità sono più infelici. Questo però è il punto di partenza, quasi ovvio alla luce di quello che oggi sappiamo, ed è un semplice argomento utilitaristico, sulla scia della filosofia di Jeremy Bentham (fra i padri del liberalismo): l'azione moralmente giusta è quella che massimizza il benessere o riduce le sofferenze, per il maggior numero possibile di persone. Redistribuire la ricchezza con una tassazione progressiva può essere quindi una misura pienamente liberale. Ma poi lo è a maggior ragione, come vedremo, se la ricchezza di alcuni ha raggiunto livelli di concentrazione tali da costituire un pericolo per la democrazia e una minaccia ai diritti delle altre persone e all'ecosistema. La proprietà privata comporta anche una responsabilità sociale. E sì, la sperequazione economica può condurre alla negazione dei valori e dell'essenza stessa del liberalismo: lo Stato democratico-liberale deve intervenire per evitarlo.

E non c'è solo questo. Come può una persona essere felice se non le viene data nemmeno la possibilità di conseguire un'adeguata istruzione? E se non le viene garantito il diritto alla salute, o alla partecipazione attiva e libera alla vita pubblica e civile, alla vita culturale? Sul finire del Novecento, alcuni filosofi di orientamento liberalprogressista, soprattutto Amartya Sen e Martha Nussbaum, hanno provato a formalizzare sul piano etico queste idee, nel concetto di *capabilities*: le capacità concrete di una persona di realizzare liberamente la propria vita, in quanto essere umano (cioè come «potenziale umano»). Sono «libertà sostanziali», secondo Sen (al plurale), in un saggio che significativamente si intitola *Sviluppo è libertà* (1999).

Le *capabilities* sono il risvolto etico-filosofico dell'idea dei diritti umani, a fondamento del pensiero liberale: diritti di ogni persona, in quanto tale, diritti naturali di ogni essere umano. I quali storicamente si sono ampliati, sia nella riflessione teorica come stiamo vedendo sia anche negli ordinamenti costituzionali, includendo oltre ai diritti civili e politici anche quelli sociali, culturali ed economici: proprio in quanto *capabilities* di ogni persona, fondamentali per la sua libertà, questi vanno considerati anche come diritti individuali, non solo collettivi. Più recentemente, è storia del nostro tempo, a loro si sono aggiunti i diritti ambientali, i diritti delle generazioni che verranno (un esempio è ancora la nostra Costituzione, che nel 2022 è stata emendata per includerli esplicitamente) e i diritti degli animali.

Da notare che, ampliandosi, i diritti pongono o diventano doveri. In che senso? Prendiamo i diritti degli animali. Chi siamo noi, per ridurli a una vita di tortura e schiavitù, come avviene per miliardi di loro negli allevamenti intensivi, negando le loro più elementari esigenze? Lo facciamo per aumentare i nostri profitti, ovviamente, seguendo le regole del mercato. Ma non è l'oppressione di altri esseri senzienti, dotati di sentimenti, intenzioni, forme di ragione, un'azione profondamente illiberale? Così come il pensiero liberale ha liberato sul piano giuridico gli esseri umani, proclamando ad esempio in tutto il mondo, e realizzando, l'abolizione della schiavitù e della servitù, allo stesso modo dovrebbe liberare gli animali, tanto più perché questi esseri viventi non sono nella condizione di rivendicare i loro diritti, come facciamo noi, di liberarsi da soli. I loro diritti sono i nostri doveri. E un discorso simile, naturalmente, vale per le generazioni che verranno (i due argomenti fra l'altro si intrecciano, dato che gli allevamenti intensivi sono anche una delle forme più gravi di inquinamento del pianeta).

Non è un caso che i primi movimenti per il riconoscimento dei diritti degli animali, che proibiscono il loro maltrattamento, comincino proprio negli Stati di più antica tradizione liberale, come l'Inghilterra del XIX secolo. E c'è di più: tutta la riflessione sull'emancipazione degli animali nasce all'interno del pensiero etico liberale, e viene poi ripresa dal pensiero socialista. I diritti degli animali in effetti sono il passo successivo, logico, dopo la riflessione sull'emancipazione degli esseri umani. Peter Singer, che nel 1975 pubblica *Animal Liberation*, ponendo una pietra miliare nel movimento animalista, muove esplicitamente da una visione etica di stampo utilitarista benthamiano, liberale. Ma già il titolo del suo libro, del resto! Se la storia è affermazione progressiva della libertà, ebbene questa non può non coinvolgere anche gli animali, se in nostro potere; sono i nostri cugini nell'evoluzione, come la scienza libera dai dogmi ci ha insegnato a partire da Darwin (e poi, anche gli animali e l'ambiente sono altro con cui ci relazioniamo: anche loro fanno la nostra felicità).

Tra i filosofi etici contemporanei, Martha Nussbaum meglio di tutti estende il discorso sulle *capabilities* anche agli animali: ne discende la necessità di intervenire con delle leggi che vietino il loro sfruttamento, proibendo ad esempio gli allevamenti intensivi[14]. Più in generale, questo ampliamento dei diritti ci richiede di passare, finalmente, dall'etica della reciprocità all'etica della responsabilità (non vi è reciprocità con il vivente non umano né con le generazioni future), come proposto dal filosofo Hans Jonas: un'etica per la civiltà tecnologica, in cui l'uomo ha raggiunto la possibilità di distruggere sé stesso e la natura[15]. È una visione che, riflettendoci, si ricollega a quell'aspirazione originaria di porre limiti al potere, con la quale il liberalismo nasce: un potere che ormai in quest'epoca non è più solo politico, ma economico e tecnologico.

Forse però a questo punto è venuto il momento di dedicarci al capitolo che segue. Quali sono i mezzi con cui oggi possiamo garantire la progressiva espansione dei diritti umani? (E con cui tutelare anche i diritti degli animali e delle generazioni che verranno?)

note

[1] B. Croce, *La storia come pensiero e come azione*, Bari, Laterza, 1938, p. 47.

[2] B. Croce, *Storia del Regno di Napoli* (1925), Bari, Laterza, 1965, p. 345. Il concetto è leggermente diverso, ma affine idealmente, al motto ciceroniano *ubi bene ibi patria*, poi ripreso da Voltaire in *Le siècle de Louis XIV* (Berlin, 1751): «La patria è dove si vive felici» (*La patrie est là où on vit heureux*).

[3] «La vita non è trovare sé stessi o trovare qualcosa in generale. La vita è creare sé stessi». B. Dylan, *Retrospectrum* presso MAXXI – Museo nazionale delle arti del XXI secolo, Roma, 16 dicembre 2022-30 aprile 2023, Roma, Skira/MAXXI, 2022, p. 131.

[4] I. Kant, *Scritti di storia, politica e diritto*, a cura di F. Gonnelli, Roma-Bari, Laterza, 1995, pp. 123-161 (pp. 137-138 per la citazione).

[5] Per un'idea del dibattito che all'epoca si svolse alle Nazioni Unite, cfr. A. Cassese, *I diritti umani oggi*, Roma-Bari, Laterza, 2005, in particolare pp. 32-41.

[6] A questa visione caricaturale si oppone fra gli altri Norberto Bobbio, nel celebre *Destra e sinistra* (1994): libertà e autoritarismo si rintracciano, entrambi, tanto a destra come a sinistra, sono criteri che riguardano i mezzi (all'interno o meno della democrazia liberale) e non i fini; i liberali si possono trovare quindi sia a destra che a sinistra (Bobbio stesso si può considerare un socialista liberale), mentre la sola distinzione fra destra e sinistra è sul criterio dell'uguaglianza. Cfr. N. Bobbio, *Destra e sinistra. Ragioni e significati di una distinzione politica. Edizione del trentennale*, prefazione di N. Urbinati, Roma, Donzelli, 2023.

[7] Michele Salvati e Norberto Dilmore parlano di una nuova «narrativa egemonica» (1945-1975): prende il posto del liberalismo classico, fondato su proprietà privata e *laissez-faire*, per essere poi a sua volta soppiantata dal neoliberismo (1980-2008). M. Salvati e N. Dilmore, *Liberalismo inclusivo. Un futuro possibile per il nostro angolo di mondo*, Milano, Feltrinelli, 2021, pp. 42 ss. (su questo, si veda anche T. Piketty, *Capital et idéologie*, Paris, Seuil, 2020; trad. it. *Capitale e ideologia*, Milano, La nave di Teseo, 2020). Salvati e Dilmore lo chiamano «compromesso socialdemocratico», io preferisco, per i motivi che dirò, «sintesi liberalsocialista».

[8] L. Einaudi, *Prediche inutili* (1959), Torino, Einaudi, 1974, pp. 203-243 (pp. 208-209 per la citazione).

[9] A. Genovesi, *Autobiografia, lettere e altri scritti* (1756), Milano, Feltrinelli, 1962, p. 449.

[10] M. Tomasello, *A Natural History of Human Morality*, Cambridge, Mass., Harvard University Press, 2016, p. 2; trad. it. *Storia naturale della morale umana*, Milano, Cortina, 2016, p. 3.

[11] Su questo e poi sul paradosso di Easterlin rimando, per approfondimenti, a E. Felice, *Storia economica della felicità*, Bologna, Il Mulino, 2017, in particolare pp. 13-20 e 291-310.

[12] K. Marx, *Manoscritti economico-filosofici del 1844 e altre pagine su lavoro e alienazione*, a cura di E. Donaggio e P. Kammerer, Milano, Feltrinelli, 2018, pp. 155-157 (corsivi nel testo originale).

[13] Dopo Green, naturalmente, il dibattito sulla libertà sarebbe proseguito e prosegue tuttora. Nella seconda metà del Novecento, Isaiah Berlin ripropose la distinzione fra libertà *da* e libertà *di*, argomentando in favore della prima. Ma oggi diversi studiosi dubitano che queste due concezioni della libertà siano contrapposte e inconciliabili e non, invece, complementari. Cfr. I. Carter e M. Ricciardi (a cura di), *L'idea di libertà*, Milano, Feltrinelli, 1996.

[14] M. Nussbaum, *Justice for Animals: Our Collective Responsibility*, New York, Simon & Schuster, 2022; trad. it. *Giustizia per gli animali. La nostra responsabilità collettiva*, Bologna, Il Mulino, 2023.

[15] H. Jonas, *Das Prinzip Verantwortung*, Frankfurt a.M., Insel Verlag, 1979; trad. it. *Il principio responsabilità. Un'etica per la civiltà tecnologica*, a cura di P.P. Portinaro, Torino, Einaudi, 1990.

2. Mi è capitato di essere libero

di A. Mingardi

Don’t follow leaders
Watch the parkin’ meters.

Bob Dylan,
Subterranean Homesick Blues, 1965

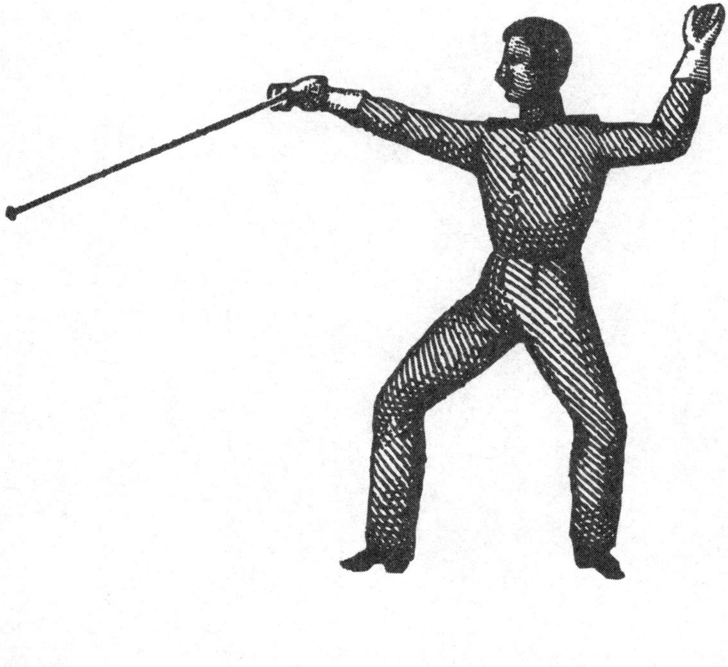

Se proprio dovessimo trovare un padre al liberalismo, forse dovremmo fare il nome di Enrico VIII. Il barbuto sovrano d'Inghilterra, com'è noto, decreta lo scisma per sposare Anna Bolena. Sono passati quindici anni da quando Martin Lutero ha affisso le sue tesi sul portone della cattedrale di Wittenberg e l'unità religiosa dell'Europa si è sfarinata in un amen. Seguiranno decenni di scontri fratricidi e sanguinosi.

In Inghilterra la religione viene sottratta alla Chiesa per farne, nel modo il più lineare, una *questione di Stato*. In quel paese, tuttavia, succede qualcosa di diverso da quanto accade altrove? Persa un'ortodossia, molti inglesi vogliono farsene un'altra, però a propria misura. Dall'Europa continentale arrivano le nuove dottrine calviniste e mettono radici solide. Spuntano sette e congregazioni «indipendenti» ciascuna delle quali «si governava autonomamente, e ogni membro della Chiesa partecipava all'amministrazione di essa. Esisteva tra loro un'associazione, non una subordinazione. [...] Si realizzava in questo modo l'ideale dell'autogoverno locale e della democrazia»[1].

Centotrenta anni dopo lo scisma, un successore di Enrico VIII, Carlo II, prova a mettere ordine. Con l'Atto di uniformità stabilisce forme comuni delle celebrazioni dei riti. Chi prega, deve farlo secondo il *Book of Common Prayer*. Nel mondo di oggi, in cui le suore sono più rare dei diamanti, viene difficile comprenderlo, ma allora le persone se le davano di santa ragione perché pregavano, con formule e parole leggermente diverse, lo stesso Dio.

L'esperienza religiosa era quanto di più profondamente *umano*, determinava l'identità delle persone. In Inghilterra si fanno, nel giro di quarant'anni, due rivoluzioni. Ma prima e dopo gruppi non piccoli d'individui pretendono a dispetto della Chiesa di Stato, che considerano un'aberrazione, il diritto di pregare a loro modo. Come ha spiegato Lord Acton, il massimo storico della libertà, «gli Indipendenti si battevano – così essi si esprimevano – non per la propria religione, ma per la libertà di coscienza»[2]. A lungo la loro vita rimase non facile ma Voltaire poteva osservare, esagerando solo un poco, che «un inglese, come uno al quale la libertà è naturale, può andare in paradiso per la via che preferisce»[3].

La libertà di coscienza, la libertà di religione, è in qualche modo la prima rivendicata innanzi allo Stato moderno, il calco su cui vengono scolpite tutte le altre. Non c'è un Manifesto, un liberalismo-modello rispetto al quale la libertà concreta delle persone comuni è solo una approssimazione manchevole. La libertà è quella cosa che le persone sentono di doversi riprendere, quando viene loro sottratta. È quando il governo mi dice che devo pregare a modo suo, che capisco quant'è importante poterlo fare a modo mio. Guarda caso il primo emendamento alla Costituzione americana, frutto maturo di quella vicenda, proibisce d'istituire una religione di Stato.

Sono in molti a giustapporre libertà e conflitto, come se la prima non potesse prescindere dal secondo. Non credo vi sia una sorta di maieutica del conflitto, da cui a un certo punto sgorga la libertà: il contrapporsi di punti di vista diversi come una sorta di lunga partita al termine della quale si perviene a un qualche tipo di verità. Non è una questione di tesi, antitesi e sintesi. Il massacro di San Bartolomeo non è una tappa «necessaria», sulla strada della tolleranza religiosa, per lo stesso motivo per cui ammazzare duecentocinquantamila persone con due bombe nucleari non equivale a comprarsi il biglietto per la pace perpetua.

Le dispute fra papa e imperatore nel Medioevo, prima, e il proliferare delle sette e i loro scontri con la Corona in Inghilterra, poi, fanno emergere soluzioni precarie e fragili, che a loro volta gemmano idee eterodosse e di solito marginali, talora destinate a dar frutto molto più tardi, talora sterili per sempre. Si tratta di un muro di giunchi, che ogni tanto però riescono a frenare o sviare il vero protagonista della storia della politica: il potere.

Nello scontro fra detentori del potere, che di solito sono pochi, e persone comuni, che sono molte ma disarmate, si riscoprono o si affermano alcune istituzioni che tutelano le seconde dai primi. Non è necessario che costoro incontrino dei governanti particolarmente «illuminati». I pochi che comandano non possono prescindere dai molti che obbediscono, perché dall'obbedienza, appunto, di questi ultimi dipendono essi stessi. Istituzioni e regole che preservano la libertà entrano in gioco paradossalmente quando i detentori del potere hanno tirato troppo la corda, al punto da suscitare una risposta da parte dei loro sudditi. Risposte di questo tipo sono più rare di quanto ci farebbe piacere pensare. Gli esseri umani si abituano a tutto, a cominciare dalla sopraffazione.

Quello delle istituzioni e delle regole liberali è un cammino accidentato, come tutto su questa terra è perlopiù frutto del caso. La storia è andata in un certo modo, ma poteva andare in tutt'altro. «La storia non è maestra di nulla che ci riguardi», rifletteva Eugenio Montale, non è una catena di anelli ininterrotta e «in ogni caso / molti anelli non tengono»[4]. «La storia bussa a migliaia di porte in ogni momento, e il custode è il caso», grida a Marx l'Alexander Herzen di Tom Stoppard[5]. Sulla libertà, in buona sostanza, siamo inciampati.

La libertà è antica?

Madame de Staël dovrebbe essere un'eroina del femminismo contemporaneo, senz'altro fra i grandi protagonisti della storia del liberalismo. La sua biografia è straordinaria: figlia di Jacques Necker, banchiere ginevrino e poi Controllore generale delle finanze (qualcosa più qualcosa meno che ministro del Tesoro) di Luigi XVI; animatrice di salotti parigini; scrittrice e talent scout; fa un viaggio in Germania e s'inventa il Romanticismo; avversaria di Napoleone; attraversa l'Europa fino alla Svezia per convincere Bernadotte a unirsi alla sesta coalizione... Talmente straordinaria che si finisce per dimenticarne l'apporto alla storia del pensiero.

È la libertà a essere antica, scrive in una pagina delle sue *Considerazioni sui principali avvenimenti della Rivoluzione francese*, mentre il dispotismo è moderno. «In tutti gli Stati europei fondati al principio del Medioevo, il potere dei re è stato limitato da quello dei nobili»[6]. Tocqueville dirà qualcosa di simile: il vecchio mondo aveva una classe, l'aristocrazia, orgogliosa della propria indipendenza innanzi al re; il mondo nuovo mette tutti a cuccia. Regole e strumenti per limitare il potere politico c'erano persino ai tempi dei signori feudali, l'età moderna al contrario è segnata dall'esondazione di quel potere da ogni argine. Colonna sonora, il sibilare della ghigliottina.

Lo scontro fra Papato e Impero corroborava «le teorie di chi negava ai re un titolo irrevocabile a governare»[7]. Il Medioevo era un *patchwork* di poteri e contropoteri, tutti intrecciati con il possesso della risorsa per molto tempo la più imprescindibile: la terra. Mentre il feudalesimo è una sorta di lunga scala di signorotti e signori – ciascuno dei quali fornisce ai rispettivi sudditi protezione facendo loro, beninteso, un'offerta che non possono rifiutare – attorno all'anno Mille cominciano a rinascere le città. Centri di scambio, di commercio, d'innovazione manifatturiera e finanziaria. L'aria delle città rende liberi: perché i servi della gleba si affrancano dal lavoro forzato della terra, quando fuggono nei centri urbani. E anche perché è nelle città che ricominciano a concentrarsi persone, e con esse inevitabilmente braccia e bocche e cervelli.

Questo non è un libro di storia e il lettore ci perdoni se procediamo a passi troppo lunghi. Nelle città si cominciano a sperimentare non solo nuovi metodi produttivi e innovazioni di carattere finanziario, ma anche istituzioni che poi verranno utili su scala più larga. Sistemi di misurazione più precisi, libri contabili, segnatempo di vario tipo, bilance per verificare il peso e quindi l'effettivo valore delle monete, forme di arbitrato per risolvere dispute e controversie. In alcuni luoghi ciò è avvenuto per iniziativa di governanti particolarmente ben disposti verso i loro simili. Ma, più in generale, conta la necessità: un centro di commercio vede convivere attori economici diversi, coinvolti in un gioco di reciproca dipendenza. Perché essi possano cooperare l'uno con l'altro, debbono verificarsi alcune condizioni. In particolare, le persone che scambiano devono *fidarsi* l'una dell'altra: non nel senso che si promettono la vita, come due innamorati il giorno delle nozze, o che stimano a tal punto la lealtà del compagno da affidargli la ghirba in battaglia. Gli scambi economici, per nostra fortuna, sono meno esigenti. E tuttavia, se io acquisto qualcosa da un altro debbo essere ragionevolmente sicuro, tanto per cominciare, che questi mi stia vendendo qualcosa che è effettivamente nelle sue disponibilità. Se ci pensate, non è poca cosa.

Per capire le dinamiche della cooperazione fra umani, dobbiamo tornare all'alba dei tempi: a *prima* che esistessero società come le intendiamo noi. Fino a circa diecimila anni fa, fino cioè all'età neolitica, i *Sapiens* abitavano in comunità tendenzialmente piccole, in cui far conto l'uno sull'altro era quasi automatico. Coloro dei quali non ci si poteva fidare dovevano necessariamente essere messi in condizione di non nuocere: l'ambiente in cui i nostri progenitori vivevano era tremendamente rischioso, fra grandi predatori, piccole bande di individui in concorrenza con altri gruppi raramente ben intenzionati e malattie che essi non avevano gli strumenti per capire. Anche per questo i gruppi umani, che molti antropologi stimano fossero inizialmente egualitari, tendono a un certo punto ad affidarsi a un capo. Se è a rischio la vita, non c'è tempo per discutere[8]. Più o meno egualitarie quelle società rimasero dal punto di vista delle condizioni di vita, che erano assai misere: *in primis*, l'esiguità dei componenti rendeva impossibile che si raggiungessero gradi elevati di specializzazione. Eravamo bravissimi nella costruzione di utensili e nell'arco di due milioni di anni, in tempo per triplicare il peso del cervello, alcuni individui hanno imparato a costruire amigdale bifacciali o punte di freccia che oggi nessuno saprebbe più riprodurre. Il nomadismo tende a non favorire la specializzazione o la divisione del lavoro che rimaneva sostanzialmente (ma non in modo rigido) basata sul sesso: le donne raccoglitrici, gli uomini cacciatori. Questi ultimi prendevano ordini da chi si era dimostrato il più forte ovvero più capace di difendere la collettività. Costui non poteva avere dubbi sui suoi sodali e aveva tutta la legittimità per disfarsene, dal momento che il suo stare al comando riposava sulla promessa di salvare l'osso del collo a tutti gli altri. Da principio, tutto il mondo era Sparta.

Due psicologi evoluzionisti, John Tooby e Leda Cosmides, hanno chiamato questo insieme di condizioni «ambiente dell'adattamento evolutivo» (*Environment of Evolutionary Adaptedness*, EEA). Ambiente non nel senso di luogo (per esempio l'Africa subsahariana, da dove proviene la stragrande maggioranza dei nostri progenitori), ma nel senso di condizioni manifestatesi, al netto di modificazioni essenzialmente locali, con straordinaria regolarità per qualcosa come due milioni di anni.

Gli americani dicono che *all politics is local*, la politica è sempre una faccenda locale. Senz'altro la vita è sempre una faccenda locale: noi veniamo al mondo in una certa famiglia, viviamo in spazi ben definiti, frequentiamo le altre persone che lì risiedono. Nell'ambiente dell'adattamento evolutivo, la vita era ancor più locale di quanto non sia stata poi. In quel contesto, abbiamo evoluto tutta una serie di meccanismi che sono diventati propensioni, potremmo dire: istinti, che ci accompagnano ancora oggi. Quando incontriamo degli umani con tratti somatici molto diversi dai nostri, per quanto di mentalità aperta possiamo essere, ci mettiamo istintivamente sul chi va là. È conseguenza del fatto che, per millenni e millenni, la diffidenza nei confronti dell'appartenente a un altro gruppo è stata evolutivamente premiante: il più delle volte, gli altri gruppi volevano farci la pelle.

Gli storici del pensiero tendono a riconoscere un ruolo spropositato alle idee nella storia umana, mentre gli studiosi dei fatti tendono a ricondurre cambiamenti specifici alla parte giocata da individui eccezionali. Proviamo a mettere le cose in prospettiva. Negli ultimi anni, le ricerche di studiosi come Tooby e Cosmides ci hanno ricordato che «le interazioni umane a livello sovraindividuale sono intimamente connesse alle rappresentazioni, oltre che ad altri elementi di regolazione presenti nella mente di ciascuno dei partecipanti e, pertanto, dipendono dal sistema di calcolo che opera nella testa di ogni individuo»[9]. Le condizioni nelle quali si sviluppano diverse culture determinano adattamenti che non necessariamente convergono: ma, ovunque, il nostro modo di guardare il mondo passa per il sistema nervoso che classifica e categorizza la realtà sulla base di elementi di interpretazione che ha appreso. In un ambiente paleolitico un atteggiamento liberale non sarebbe stato adattativo. L'esperienza lascia il suo segno, tant'è che noi siamo ancora geneticamente inclini a impicciarci con il comportamento degli altri.

Non a caso il teorico liberale che nel Novecento più ha insistito sull'importanza delle idee e che più si è interrogato su come queste evolvono nei tempi delle società umane, Friedrich von Hayek, pensava che mente e società interagissero, che la prima fosse, in un certo senso, un «prodotto sociale» essa stessa[10]. Non è questa la sede per entrare troppo in dettaglio, ma la chiave della nostra libertà risiede nello sviluppo del cervello e nelle sue particolarità di funzionamento che ci hanno messo in condizioni di costruire aspettative e astrazioni sempre più articolate e complesse con cui classificare l'ambiente, incluso quello sociale. È così che sono diventate possibili la scrittura, le tradizioni e tante e diverse innovazioni sociali e culturali poi passate per il setaccio della storia.

Nulla di nuovo, dirà il lettore: la filosofia si pone, da sempre, il problema della conoscenza. L'elemento nuovo è che adesso sappiamo che il modo in cui noi proviamo a conoscere la realtà è il frutto di un'evoluzione delle nostre strutture cognitive. La cultura conta al punto che determinati adattamenti, avendo avuto grande successo, finiscono per diventare non solo app, ma parte del nostro sistema operativo. Chiamiamoli istinti. Gli istinti sono molto più potenti del ragionamento, nel determinare il comportamento e le opinioni individuali.

Che c'entra tutto questo col Medioevo e con le città? L'ambiente dell'adattamento evolutivo occupa la più parte della nostra esperienza come specie: ed è fatto di gruppi piccoli, chiusi, che tendono all'autosufficienza, nei quali i nessi causali appaiono a tutti estremamente chiari proprio in ragione delle condizioni di contorno, che obbligano il più delle volte a scelte binarie. L'ordine all'interno del piccolo gruppo segue regole abbastanza prevedibili:

chi esercita il potere di solito ha in mano tutte le leve per distribuire premi e punizioni. È in questo lungo processo che nasce l'idea, che tutt'oggi ci riesce istintivamente plausibile, che punizioni e premi debbano essere appunto «distribuiti».

I gruppi umani a un certo punto crescono di dimensione, di solito perché alcuni ne hanno soggiogati altri. Pian piano, le regole del gioco cominciano a cambiare. Gli adattamenti evolutivi vengono selezionati dalle circostanze e le circostanze mutano anch'esse. Alcuni comportamenti che prima erano risultati funzionali alla sopravvivenza del gruppo ora invece diventano disfunzionali. L'esempio più facile, di nuovo, è la diffidenza per chi non ci somiglia. Quel tratto, che era utile al piccolo gruppo per garantirsi la sopravvivenza, diventa problematico in aggregati più grandi. Questi ultimi offrono la possibilità di una divisione del lavoro più estesa, quindi della produzione di più beni e servizi; dunque, di un grado di maggiore prosperità economica che di solito significa condizioni nelle quali una popolazione riesce a riprodursi con più agio. Ma se la nostra capacità di scambiare è circoscritta dalla diffidenza per chi non appartiene alla nostra cerchia ristretta, non riusciamo ad approfittare dei benefici della divisione del lavoro.

A furia di crescere, i gruppi umani non possono più essere governati solo dalle decisioni discrezionali degli individui che detengono il potere. A questi ultimi piacerebbe, ma qualsiasi società umana di ampie dimensioni deve essere governata «dalle regole» e non solo «dagli uomini». Questo non significa che a un certo punto scompaiano dalla storia i colpi di Stato e le leadership carismatiche. Ma più crescono le dimensioni dei corpi sociali e più le decisioni dei capi debbono, quasi necessariamente, perdere d'importanza. Una popolazione ampia, per stare insieme proficuamente, ha bisogno di norme che consentiranno agli individui di progettare la propria vita avendo la ragionevole aspettativa che quelle regole non cambieranno nottetempo: che il campicello che hanno seminato non verrà sottratto loro per regalarlo ad altri al momento del raccolto, che gli utensili di cui fanno uso per realizzare le loro ceramiche non diventeranno improvvisamente illegali, che il valore della moneta che adoperano per scambiare beni e servizi sarà relativamente stabile nel tempo. Queste regole non funzionano come quelle che governano il merito scolastico, dove c'è un professore che verifica quanto bene uno studente ha saputo immergersi nella sua materia e gli dà un voto. Funzionano piuttosto come quelle che regolano l'immissione delle automobili in una rotonda, o il movimento in senso antiorario quando si nuota in piscina: c'è un diritto di precedenza che tocca a chi si trova in una certa posizione in un certo momento, indipendentemente da quanto veloce nuotiamo o dal fatto che sia un guidatore provetto o invece non sappia tenere la destra.

Le grandi società vengono tenute assieme dal diritto. Che scoperta, direte voi. A lungo il diritto è stato proprio considerato qualche cosa che andava *scoperto*. I romani, grandi costruttori di ponti e strade, pensavano che le norme giuridiche dovessero essere «scoperte» nel mondo degli usi e delle abitudini e avevano dei tecnici del diritto, i giureconsulti, che proprio questo facevano. Quando pensiamo al diritto romano, pensiamo di solito alle grandi codificazioni, alle pandette: lunghi elenchi di leggi che mettevano ordine nel *mare magnum* della giurisprudenza. L'attività più propria del tecnico del diritto, però, è precedente: e consisteva proprio nel chiarire sulla base di quali convenzioni le persone sceglievano di avere a che fare, e di continuare ad avere a che fare, le une con le altre.

Queste convenzioni alcune volte sono nate all'interno del piccolo gruppo e poi sono rimaste grosso modo invariate in società più estese. Pensate solo alla prassi per cui «chi trova tiene». In società molto piccole, omogenee e coese, nelle quali il bottino di caccia viene sempre messo in comune, si tratta di un comportamento pressoché eversivo. Al contrario, al crescere di dimensione dei gruppi diventa un modo proficuo per prevenire il sorgere dei conflitti e pone le basi della proprietà privata.

Dai tempi dell'antica Grecia, esiste una robusta corrente di pensiero per cui la legge non è altro che quella scritta. Questa prospettiva presuppone la necessità di una figura «esterna» al gioco sociale che metta ordine nel caos. C'è legislatore e legislatore, ovviamente. In pagine celeberrime, Friedrich Schiller mise a confronto i due legislatori per antonomasia, Licurgo e Solone: le leggi dell'uno sono «ceppi ferrei che ferivano l'animo audace e facevano piegare lo spirito sotto il loro peso», quelle dell'altro «vincoli blandi, nei quali lo spirito dei cittadini poteva muoversi liberamente in ogni direzione senza avvertire di esserne guidato»[11]. A ben pensarci, però, anche le norme che regolano il modo in cui si eleggono le assemblee e persino i modi della cittadinanza sono poca cosa, una modesta frazione della montagna di consuetudini e usi di cui hanno bisogno gli esseri umani per orientarsi in un mondo incerto.

Molte di queste regole non sono il frutto della volontà consapevole di un singolo uomo, né di una assemblea. È più probabile che siano state adottate da diversi gruppi per motivi diversi e che siano sopravvissute o meno allo scorrere del tempo a seconda di quanto aiutavano le persone a cooperare pacificamente: e, dunque, a vivere in società nelle quali si poteva raggiungere una divisione del lavoro più articolata e godere di più beni e servizi. Cioè: vivere un po' meglio.

Più la dimensione dei gruppi umani cresce e meno queste regole possono essere legate a un capo che le fa rispettare. Pensate alla più comune attività di tutti noi: parlare.

Possiamo davvero immaginarci che il modo in cui ci esprimiamo debba essere monitorato, verificato e diretto da una singola autorità? Ovviamente no. La grammatica e la sintassi le impariamo nella nostra vita sociale, prima ancora che a scuola. Non è che l'italiano (l'inglese, lo spagnolo, il cinese...) non abbia delle regole. Chi non le rispetta rischia di non venire compreso, ovvero non riesce a valersi della lingua per ciò a cui serve. L'Accademia della Crusca (la Real Academia Española, l'Académie Française...) al massimo prende atto delle tendenze che dominano fra i parlanti, non è un corpo di polizia.

I romani sono stati i primi ingegneri del diritto, hanno saputo sistematizzare la copiosa fioritura delle convenzioni emerse col tempo e farne un giardino ben ordinato. Poi ne hanno indagato le implicazioni e hanno prodotto un impressionante *corpus* di casi per guidarne applicazioni ulteriori. Più che una serie di libroni, il diritto è una cultura e questa cultura arretra con la fine dell'Impero romano. La cooperazione su lunga distanza perde i suoi costruttori di ponti, i tutori della sicurezza nel senso dell'ordine pubblico, gli esploratori del diritto.

L'Europa dominata dai visigoti e dai franchi è una costellazione di società più piccole e più chiuse. In parte la grande tradizione giuridica romana si perde per la ragione più ovvia: non facendone uso, si finisce per dimenticarla. In parte quelle società più piccole e più chiuse non avevano probabilmente bisogno di norme tanto complesse: si reggevano su convenzioni più semplici e più antiche. Una più vasta infrastruttura giuridica riemerge grazie a quella che un importante giurista, Harold Berman, ha considerato la prima «rivoluzione» della storia dell'Occidente[12]. Nella lotta per le investiture, non c'è un tribunale superiore che possa dirimere il dissenso fra Papa e Imperatore per decidere chi deve nominare i vescovi: questione non piccola, perché di fatto gli ecclesiastici erano il personale politico d'elezione anche per l'ordine civile. Gregorio VII stila allora, sono passati settant'anni dall'anno Mille, il *Dictatus Papae*, una serie di proposizioni volte a legittimare i benefici papali. Per giustificarli, attinge a principi giuridici che dal diritto romano erano transitati in quello canonico. Il che ovviamente stimola anche la controparte a fare lo stesso. I precedenti giuridici diventano una specie di percorso da seguire, per capire che cosa si può e che cosa non si può *legittimamente* fare. Il diritto diventa l'arma che si oppone ai potenti, per rivendicare spazi di autonomia dal potere politico.

Il diritto ritrova importanza all'interno delle città. Con l'eccezione di pochi casi, non c'è continuità fra le città del mondo antico e quelle medievali. Queste ultime vengono spesso fondate dall'imperatore o da signori minori, che offrono alcune garanzie specifiche, nella forma di uno statuto che consente alla società di autogovernarsi. Le loro stesse fondamenta sono giuridiche. L'interesse dei signori era quello di «vivacizzare» il proprio territorio: le città erano grandi fiere abitate, dove si esercitava il commercio e si sperimentavano forme inedite di dinamismo economico. Il diritto per loro era centrale: non solo nel rapporto con l'autorità politica, ma anche al loro interno. Le fiere attraggono merci e mercanti da altre città. Costoro debbono potersi fidare della controparte, per entrare in relazione di scambio con essa. Di qui l'esigenza di sistemi di misurazione più accurati, arbitri terzi per dirimere le dispute, eccetera.

In questo senso, allora, Madame de Staël aveva ragione: gli ingredienti essenziali del liberalismo esistevano ben prima dell'età moderna. Lo stesso feudalesimo aveva in sé gli strumenti necessari per limitare il raggio d'azione dei potenti. Per quanto arrogante potesse essere un signore feudale, sapeva che c'erano delle cose che *non* poteva fare: sia perché i mezzi tecnologici a sua disposizione erano limitati, sia perché il suo potere si scontrava con tutta una serie di contropoteri. La riduzione delle occasioni di cooperazione fra estranei aveva però rattrappito lo spazio del diritto: nel senso di norme impersonali, quelle che regolano la precedenza alle rotonde indipendentemente da chi passa per primo. Queste ultime sono necessarie in gruppi umani più estesi, nei quali bisogna cooperare con persone che non si conoscono. Tali norme sono state «selezionate» dal tempo, nel senso che chi le ha adottate ha visto rafforzarsi economicamente le società in cui viveva. Il che non significa che ci riescano facili da comprendere, né che risultino necessariamente gradite a chi si trova a seguirle.

Il dispotismo è moderno?

La parola «liberalismo» risale ai primi anni dell'Ottocento e viene usata per la prima volta per una parte politica in Spagna, ai tempi della Costituzione di Cadice (1812). Prima dell'*ismo* c'era la parola «liberale», da liberalità, generosità, larghezza nello spendere, del tipo che rende benvoluti. Già nel Settecento, però, nel mondo anglosassone il campo semantico dell'aggettivo aveva cominciato a espandersi e, nell'edizione del 1772 dell'*Oxford English Dictionary*, esso era ormai identificato con «libero dal pregiudizio o dalla bigotteria; aperto di mente; tollerante». Liberale cominciava ad applicarsi a questioni economiche e sociali. «Un'economia liberale era generosa nel riconoscere il diritto di lavorare in qualsiasi occupazione, in contrasto coi monopoli delle gilde, e consentiva l'importazione o esportazione di qualsiasi bene»[13].

Se prendete la *Ricchezza delle nazioni* di Adam Smith e cercate il vocabolo «liberale», lo troverete usato il più delle volte nell'accezione tradizionale di «generoso». La remunerazione generosa del lavoro, i privilegi generosi offerti dai sovrani alle città, lo spirito generoso delle persone. Smith usa «liberal» in un modo che in qualche misura ne anticipa l'impiego più strettamente politico solo quando entra nel vivo degli scambi internazionali e del regime delle colonie. La libertà di commercio è un «sistema liberale» e il mercantilismo inglese, pur detestabile, è meno «illiberale» di quello di altri paesi. Smith parla poi di un «piano liberale di eguaglianza, libertà e giustizia». L'ambiguità fra liberale e generoso, in questo caso, è felice.

Provando a mettere a fuoco quel movimento di idee che possiamo chiamare «liberalismo», dobbiamo dire che non è possibile parlarne, in senso proprio, prima che sulla scena europea s'imponga una realtà nuova: lo Stato moderno. Non è possibile, poiché il liberalismo è un tentativo di limitare il potere dello Stato, circoscriverlo, opporre alle pretese dei governanti l'idea che ci sono porte che neppure loro devono potere aprire.

Si tende a pensare che ovunque ci sia la «politica» ci sia pure lo Stato. E in ogni tempo ci sono stati furfanti che mettevano a repentaglio l'ordine costituito e signori in divisa che cercavano di riaffermarlo: guardie e ladri. Però il governo della *polis* di Atene non somigliava granché a quello della Grecia dei tempi nostri, come l'Impero romano era ben diverso dagli Stati Uniti contemporanei. Lo Stato moderno è un'istituzione formidabile, che emerge nell'Europa devastata dalle guerre di religione. È disegnato per far fronte a una domanda di sicurezza. I suoi teorici, spaventati dalla gragnola di conflitti fra Cinque e Seicento, pensano che sia possibile superarla solo concentrando tutte le risorse di violenza in un unico attore. Se il Medioevo era un mosaico di tessere diverse, lo Stato moderno è invariabilmente monocolore: il controllo che esercita sul territorio è di tipo nuovo. L'imperatore del Sacro Romano Impero voleva nominare i vescovi ma era avvezzo all'idea che sul medesimo territorio coesistessero altre organizzazioni che potevano vantare una qualche legittimità da esso autonoma. «Tutto nello Stato, nulla fuori o contro lo Stato». Le parole sono di Benito Mussolini, ma la musica è quella che abbiamo ballato tutti, dall'inizio del Seicento in qua.

Quando parlo di «legittimità» intendo delle «giustificazioni del diritto di comandare». Quelle giustificazioni sono necessarie perché «fra tutte le ineguaglianze umane nessuna ha conseguenze tanto importanti e perciò tanto bisogno di giustificarsi, come l'ineguaglianza derivante dal potere. Salvo qualche rara eccezione, un uomo vale l'altro: perché uno deve avere il diritto di comandare e gli altri il dovere di obbedire?»[14].

La legittimazione del potere cambia nel corso del tempo, anche in conseguenza di ciò che sta al di fuori di esso e persino di ciò che a esso si oppone. Il lettore perdoni di nuovo se andiamo avanti a sciabolate: lo Stato moderno nasce per dare risposta a un bisogno sicuritario, ineludibile nell'Europa scossa dalle guerre di religione. A sentirsi in pericolo sono anzitutto le sue classi dirigenti (il resto delle persone allora non contava granché), che accettano e condividono un progetto di forte centralizzazione in capo ai sovrani della forza pubblica. Comincia un grande smottamento che prosegue per secoli. La Rivoluzione francese, scrive Tocqueville nel suo libro più bello, è fatta per abolire degli istituti politici che «avevano regnato sulla maggior parte dei popoli europei e che ordinariamente si definiscono come istituti feudali, per sostituirvi un ordine sociale e politico più uniforme»[15]. Tocqueville guardava a quel mondo con un po' di nostalgia: la libertà politica «non si faceva vedere», ma la Francia non era «un luogo sordo», bastava «alzare la voce per esser sentiti da lontano»[16]. Era più facile, cioè, farsi ascoltare dal potere regio e rifiutare di obbedirgli. Vi era nel feudalesimo, secondo il pensatore francese, «più libertà che ai nostri giorni: ma era una specie di libertà irregolare e intermittente [...] che permetteva quasi di sfidare tanto la legge quanto l'arbitrio e non giungeva mai a concedere a tutti i cittadini le garanzie più naturali e più necessarie»[17].

Lo Stato moderno promette sicurezza in un momento nel quale se ne ha maledettamente bisogno. E mantiene quella promessa, costruendo una «sala macchine» del potere inedita per complessità e potenza. Il potere diventa davvero «sovrano»: non ammette l'esistenza di istanze superiori a esso. Questa nuova istituzione – che si dà l'obiettivo di accentrare quanto più possibile in sé stessa tutto ciò che serve a pacificare il territorio che le soggiace – ha uno straordinario successo, al punto che oggi ci pare che sia sempre esistita e siamo convinti che esisterà per sempre. In parte, questo successo si deve anche alla facilità con cui essa si racconta. Gli Stati moderni sono ben diversi dai piccoli gruppi nei quali ci siamo evoluti, mettono a fuoco con difficoltà la loro «dimensione ottimale», più modesta di quella dei grandi Imperi che di fatto dovevano accettare di convivere con tutta una serie di contropoteri, straordinariamente più vasta di quella delle città. Ma essi entrano nel sentire comune delle persone descrivendosi come avrebbe fatto uno sciamano o un capotribù: postulano nessi causali lineari, tipo per mangiare bisogna cacciare, applicandoli (con qualche acrobazia) a situazioni molto complesse. Lo Stato, a rigore, non esiste: esistono delle persone che scrivono norme, altre che le fanno applicare, delle persone che vestono uniformi di un colore e altre che le vestono d'un altro. Gli esseri umani però sono abituati a trovare volti e forme nelle nuvole, figuratevi se non pensano di vedere «lo Stato». E parlano di conseguenza: lo Stato c'è o non c'è, lo Stato siamo noi, eccetera.

Chi ne regge le leve si specializza nell'arte di produrre «soluzioni» apparentemente semplicissime, che di solito consistono nell'attribuzione agli Stati medesimi di maggiori poteri, spiegate all'elettore con lo stesso gergo che utilizzeremmo se parlassimo della quotidianità di una famiglia. Lo Stato è di solito «paternalista», perché si offre di prendersi cura di noi, come fosse un padre coi suoi figli o una sorella con un fratello. Non è, ovviamente, né l'una né l'altra cosa.

La risposta all'accentramento di potere in capo ai sovrani è il liberalismo. Che prova a salvare quel che di buono lo Stato garantisce (cioè vasti territori finalmente pacificati) cercando allo stesso tempo di contenere questo potere che tende sempre a espandersi e a esondare. L'ideale politico del liberalismo somiglia agli ippopotami che ballano la *Danza delle ore* di Amilcare Ponchielli in *Fantasia*: a quel pachiderma che è lo Stato moderno, il liberalismo vuole insegnare a muoversi in punta di piedi. Per contenere il potere si fa appello al diritto: cioè quelle convenzioni e quelle norme maturate nel corso dei secoli, e ora utilizzate per dire ai sovrani che ci sono delle porte che non debbono permettersi di aprire.

I teorici liberali sono spesso fra i meno «originali». Rispetto alle idee che propongono, svolgono una funzione più *notarile* che *autoriale*: s'inventano poche cose, cercano semplicemente di mettere in bella copia un canovaccio di regole e convenzioni che si sono scritte da sole, nel corso dei secoli. Uno dei modi nei quali lo hanno fatto è stato inventandosi, per una volta, uno strumento, la Costituzione, imposta (ogni tanto a caro prezzo) ai sovrani per impedire loro di fare delle cose (a noialtri). Un anarchico replicherebbe che servono a poco le cinture di castità, se le damigelle che ne sono cinte ne posseggono anche la chiave[18]. Fuor di metafora, è quello che tende sempre più ad accadere quando lo Stato prende il controllo del diritto: e quest'ultimo diventa sempre più un qualche cosa di *pro-*

dotto, e continuamente cambiato, e non qualche cosa che esiste «prima» e «indipendentemente» dal potere politico.

Le istituzioni, come la vita degli uomini, sono gomitoli aggrovigliati. La «reazione» liberale non è priva di conseguenze e consiste, soprattutto, in un revival del diritto. Il liberalismo porta nell'agone politico un'idea impopolare: mira a s-personalizzare il comando, pretende che le regole siano «diritto» e non ordini emanati da un'autorità centrale, postula che le norme debbano essere generali e astratte. Come, cioè, le convenzioni che regolano l'accesso alle rotonde: non importa che macchina guidi, devi comunque seguire la fila. I liberali, prima ancora che per l'abbracciare questa o quella posizione specifica, si distinguono per un nemico comune: nel Settecento avrebbero detto l'entusiasmo, noi diremmo il fanatismo, che è sempre tipico di chi pensa che valga la pena prendere il timone della collettività per fare rotta verso questo o quel sogno di miglioramento collettivo. Essi hanno magari, per sé, idee ben chiare su che cosa sia la vita buona, ma non pensano di sapere che cosa sia la vita buona per gli altri. Men che meno pensano che essa possa essere un prodotto dell'organizzazione politica[19]. Il più succinto e riuscito documento mai elaborato da un manipolo di rivoltosi liberali, la Dichiarazione d'indipendenza degli Stati Uniti, parla saggiamente del diritto di perseguire la propria felicità. Ammesso che sia possibile essere felici su questa terra, sta a ciascuno di noi provarci, nel modo che preferisce. Il diritto si occupa di ciò che è giusto, non di quel che è buono.

Questo ci spaventa. La libertà del liberalismo non coincide con un qualche progetto di emancipazione personale. Di per sé il fatto che voglia poter fare *io* una certa cosa non significa che m'interessi granché di ciò che possono o non possono fare gli altri. La libertà individuale, al contrario, mi costringe a essere *responsabile* di ciò che faccio con me stesso, con il mio tempo, con le risorse a mia disposizione. Ed essere responsabili non piace a nessuno: tutti amiamo dare la colpa ad altri dei nostri guai. Esistono, purtroppo, persone sfortunate, cui la vita non ne risparmia una. Ma la maggioranza di noi non è né Gastone né Paperino, siamo tutti in balia delle circostanze, però possiamo anche darci da fare per farvi fronte. Non siamo colpevoli di tutti i nostri errori, come non siamo al 100% gli autori delle cose che facciamo bene. La libertà ci obbliga però a dar conto di tutto. «Gli uomini amano la libertà perché li protegge dal controllo e dall'umiliazione da parte degli altri, offrendo loro la possibilità della dignità; essi detestano la libertà perché li riporta alle proprie capacità e risorse, mettendoli di fronte alla possibilità di essere insignificanti»[20]. Per molti, è un'angoscia insopportabile.

Il «piano liberale di eguaglianza, libertà e giustizia», volto a limitare il potere politico, riesce solo in parte e viene continuamente messo in discussione da forze potenti, che spingono nella direzione opposta. È in tensione coi nostri istinti innati, che ci porterebbero a seguire un capo e non a guardare il parchimetro. Ma alle sue debolezze corrisponde una grande forza. Negli ampi territori pacificati dagli Stati, società moderne composte da milioni e milioni di persone, queste regole impersonali, in alcuni casi scolpite in statuti e leggi ma in tanti altri tutt'oggi di natura convenzionale, assicurano la possibilità di reti di cooperazione molto più estese e solide che in passato. Le persone oggi possono cooperare per fini mutuamente vantaggiosi dentro i confini di Stati nazionali ampi e popolosi, ma anche al di fuori di essi. Beninteso: non a tutti piace cooperare. C'è una certa percentuale della popolazione umana che non vuole cooperare per nulla e ha atteggiamenti antisociali, se non predatori. Ce n'è un'altra, invece, di dimensioni almeno simili, ansiosa di impegnarsi in progetti assieme ad altri: costoro sono una sorta di lievito della società, sono quelli che anticipano i trend e che si gettano a capofitto in tutte le novità. Il grosso della popolazione galleggia fra questi due estremi, ma norme e convenzioni che aiutano la cooperazione possono spingerli a entrare più facilmente in relazione con gli altri.

Questo contribuisce a innescare fenomeni diversi. Aiuta uno sviluppo senza precedenti della scienza. Valorizza il lavoro e la posizione dei mercanti, che cominciano a loro volta a essere gelosi della propria libertà e a rivendicarla con vigore: al punto che le classi medie, quelle che non dipendono né dalla carità degli altri né dalla benevolenza a corte del sovrano, sono considerate fondamentali per qualsiasi società libera. La libertà è due volte «borghese»[21]: prima perché nasce nei borghi, poi perché la rivendicano per sé e indirettamente per gli altri le classi di mezzo.

Le conseguenze di tutto questo hanno una portata difficile da minimizzare. Se c'è un insegnamento del liberalismo che val la pena di ricordare è che la libertà è proprio *la libertà degli altri*. Di essa noi siamo beneficiari indiretti: del modo in cui loro ne hanno fatto uso, sviluppando soluzioni a problemi diversi, che a un certo punto attraversano anche le nostre vite. Osservava Bruno Leoni che «più è complicata l'azione da compiere, più libertà è necessaria alle persone che devono compierla, e che più si ha bisogno dell'azione e della collaborazione di altre persone, più libertà è richiesta per tutti loro per collaborare e agire come richiesto»[22]. La libertà ci consente di affrontare imprese più complesse e ambiziose, di organizzare la produzione di massa, di realizzare beni e servizi su scala mai vista prima. Così nascono le società aperte che noi conosciamo, si elevano gli standard di vita, migliorano le condizioni igieniche. Il progresso di queste ultime induce ad allargare ulteriormente gli spazi della cooperazione pacifica. Quando le condizioni igienico-sanitarie sono tali che non vediamo più nel nostro prossimo un potenziale vettore di malattia, siamo più inclini a considerarlo un partner potenziale[23]. La nascita e l'affermarsi delle società «aperte» (o, almeno, più «aperte») in cui noi viviamo è un fenomeno complesso e sfaccettato, al quale è difficile rendere giustizia in poche pagine. Sicuramente l'autore di queste non ce l'ha fatta.

Una cosa però gli preme sottolineare: quel processo non avviene in un contesto che ne assicuri in alcun modo gli esiti. Anche perché è difficile «disegnare» istituzioni che dovrebbero produrre esiti simili, ovvero «esportarle» in luoghi in cui non si siano già affermate da sé. La «meccanica» degli Stati moderni spinge in tutt'altra direzione. I nostri istinti innati, che non si possono sradicare, pure. Un diritto impersonale e «neutro», che non decide, per esempio, quali lavori debbano essere «premiati» e quali «penalizzati», che non ha nulla da dire sulle prassi alle quali si legano le diverse idee di vita buona, che non decide l'esito del gioco economico ma si limita a farlo giocare, non ci piace. Tutto dentro di noi ci sollecita ad abbracciare altre soluzioni, che intuitivamente ci appaiono più sensate.

La fortuna delle regole e delle istituzioni liberali è quanto mai circoscritta. Non la possiamo dare per scontata da nessuna parte, neanche dove la cultura liberale parrebbe più forte. È bastato che il nostro prossimo diventasse il portatore potenziale di un patogeno a cui non avevamo preso le misure e subito l'abbiamo riconosciuto di nuovo come un nemico e ci siamo chiusi in casa. Basta il garrire di una bandiera al vento e quattro ricette ideologiche, di gusto diverso per diversi avventori, e siamo di nuovo pronti a fare di tutto per *non* cooperare con persone che riteniamo insopportabilmente diverse.

Diciamo la verità: del tanto o del poco di libertà di cui godiamo faremmo volentieri a meno. C'è una sola cosa che sostiene la pianta gracile della società: è il fatto che essa crea benessere. Essere liberi spaventa ma *conviene*.

Le regole del pollice

Donne e uomini non progettano, sulla base di idee a lungo meditate, le istituzioni sotto le quali vivono. La mera possibilità di farlo, del resto, è appannaggio di pochissimi: i sovrani nelle monarchie assolute, i legislatori in tutti quei regimi nei quali conta qualcosa il Parlamento. Gli uni e gli altri possono avere momenti di grande creatività (il legislatore italiano, per esempio, ha frequenti convulsioni creative) ma debbono necessariamente mediare con avversari e circostanze. Hank Morgan, l'americano alla corte di re Artù di Mark Twain, vorrebbe sostanzialmente ricreare l'America di fine Ottocento nel V secolo nel quale è stato sbalzato all'improvviso. Per quanto gli riescano trucchi che Artù e tutti gli inglesi dell'epoca prendono per magia, non ce la può fare e il suo piano s'infrange sugli scogli dell'abitudine, del pregiudizio, di quella umanità che è sempre imperfetta in ogni secolo.

Per quel che riguarda le persone comuni, come gli autori di questo libro e i suoi lettori, si può dire che «scelgano» le istituzioni sotto le quali vivono solo in un caso: quando si spostano, preferendo un certo comune, una certa regione, un certo paese a un altro.

I flussi migratori non finiscono spesso sotto il microscopio dei teorici politici, ma forse dovrebbero. Vale la pena ricordare, come abbiamo già detto, che tutti nasciamo «situati» in luoghi e circostanze specifiche e che la maggioranza delle persone tende ad averli cari. Spostarsi ha, per ciascuna di esse, dei costi. Anche la scelta, apparentemente banale, di vendere casa a Chinatown per comprarla a Città Studi, quindi senza uscire nemmeno dal perimetro di Milano, comporta tutta una serie di fatti spiacevoli. Nel momento in cui lo faccio, so che vedrò meno frequentemente alcune persone che incontravo nel vecchio quartiere (non mi dispiacerà per tutti, ma per alcuni sì) e che dovrò cambiare la mia routine (non porterò più il cane al Parco Sempione e non andrò più a fare colazione alla Martesana, dovrò abituarmi a prendere la metro a Piola e non Moscova). Queste sono cose apparentemente piccole – fino a un certo punto: la nostra vita è fatta di piccole cose – ma si sommano ai costi del nuovo appartamento, della sua ristrutturazione, del trasloco, eccetera.

Ci sono sicuramente persone avventurose che non vedono l'ora di inscatolare tutte le proprie cose e trasferirsi, ma per la maggioranza di noi cambiare casa – persino nello stesso comune! – è un evento stressante che, se possibile, evitiamo.

È banale osservare come i costi salgano in modo importante, se parliamo di muoversi dalla Lombardia al Piemonte o in un altro paese. A dispetto dei frequenti allarmismi sull'immigrazione, non è un caso se è meno del 3% della popolazione a vivere in un paese diverso da quello in cui è nata. *Emigrare stanca.*

Perché lo si fa, allora? Alcuni esseri umani, purtroppo, non vorrebbero lasciare il proprio paese ma, a un certo punto, i rischi connessi al rimanervi sono talmente rilevanti che prendono coraggio e fanno fagotto. Sono rifugiati politici e migranti che scappano dalla guerra. Ce ne sono però altri che potrebbero restare nel paese d'origine eppure decidono di andarsene. In *Io, capitano*, il film di Matteo Garrone, i due protagonisti sono dei ragazzini che coltivano il sogno di andare in Europa a dispetto delle rispettive famiglie, che preferirebbero restassero lì dove sono. Non vivono in due appartamenti con vista sul Colosseo e lavorano, pur essendo molto giovani. Eppure non si mettono in marcia per fame o disperazione: è la prospettiva di un futuro migliore che li spinge ad affrontare un viaggio pieno di insidie, pericoli e malfattori.

Dove vanno, queste persone che lasciano quel che hanno, che sarà poco ma non è nulla, per gettarsi verso un futuro incerto? Secondo la Banca mondiale (che utilizza dati relativi agli anni 2019-2021), i paesi al mondo col più basso indice di Gini, nei quali, cioè, è inferiore la forbice dei redditi, sono Slovacchia, Slovenia, Bielorussia, Ucraina e Moldova.

Chissà se le donne e gli uomini che mollano tutto, in Belize o Nigeria, hanno puntato la bussola su Bratislava o Minsk. È più probabile che le loro mete siano la Germania, il Regno Unito, la Svizzera, l'Italia, la Spagna, forse addirittura gli Stati Uniti: paesi dove l'indice di Gini è molto più alto. È verso l'America del capitalismo «selvaggio» dell'Ottocento che si spostarono circa trenta milioni di europei, fra il 1815 e il 1915. Lasciavano, con tutta probabilità, Stati nei quali la distribuzione del reddito era più livellata.

All'interno degli Stati Uniti, paese di migranti, le migrazioni sono a loro volta più frequenti e rapide che da noi. Negli ultimi anni si sono avuti impressionanti spostamenti prima verso la California (ai tempi ruggenti della Silicon Valley), poi verso il Texas, ora verso la Florida. L'indice di Gini del Texas è perfettamente in linea con quello medio degli Usa, mentre California e Florida sono più disuguali rispetto agli altri Stati. Se dobbiamo dedurre qualcosa da questa esperienza, una «regola del pollice» non rigorosa ma forse di una qualche utilità, diremmo che gli americani (vecchi o nuovi) non traslocano sulla base di una preferenza per redditi più egualitari.

Sarebbe troppo stravagante sostenere che le persone tendono a spostarsi da paesi più egualitari a paesi meno egualitari. E non sarebbe neanche vero. Ci sono realtà nelle quali, per motivi storici o geografici o di popolazione (essenzialmente: perché sono meno popolose), la distribuzione del reddito è meno divaricata senza che siano state messe in atto politiche specifiche votate ad appiattirla. E parimenti ci sono paesi nei quali la forbice è amplissima, perché la nazione è in mano a una cricca di farabutti che distribuiscono il bottino delle loro rapine fra sé e pochi amici, a scapito di tutti gli altri.

Ciò che voglio dire è semplicemente che non sembra che le persone si spostino sulla base di una preferenza per l'eguaglianza. Per carità, qualche caso ci sarà pure: esattamente come c'è chi sceglie di andare a vivere in un kibbutz o in un monastero, spezzando col proprio vicino di cella lo stesso pane. Ma in generale le persone, quando si muovono, non lo fanno per andare verso società più egualitarie, quanto semmai per andare verso società più ricche, nelle quali pensano ci saranno più opportunità di diventare ricchi anche per loro. I ragazzini del film di Garrone, e probabilmente tutti quelli che fanno ogni settimana lo stesso viaggio, sognano la fama, il denaro, una macchina sportiva, non la giustizia sociale.

È un po' così che funziona l'evoluzione delle istituzioni di cui abbiamo parlato ed è in questo modo che le società aperte si sono affermate, a dispetto dei nostri istinti innati. Non c'è un'adesione consapevole e coerente da parte delle persone: gli immigrati italiani non andavano in America perché avevano letto la Dichiarazione d'indipendenza. La maggior parte delle persone, del resto, di solito prende le istituzioni sotto le quali è nata come fossero «naturali» ed eterne: la mattina il sole si alza a oriente e io sono cittadino della Repubblica italiana. Per loro cambiarle non significa ragionare d'ingegneria costituzionale, significa fare le valigie: votare con i piedi, come dicono gli economisti. Quando lo fanno, tendono a muoversi verso società più ricche che sono, di solito, società a economia di mercato.

Le istituzioni, che tendono a rendere possibili società più prospere, lo fanno per tutti ma non necessariamente «per ciascuno». Anche nell'economia coi tassi di crescita più elevati si osservano dei fallimenti individuali. Non tutte le imprese realizzano beni o servizi che i consumatori scelgono e non tutte le persone, purtroppo, riescono a realizzare i propri obiettivi. I fallimenti individuali sono, come vedremo nel prosieguo di questo libro, paradossalmente necessari proprio al buon funzionamento del processo di ordine più generale: segnalano infatti errori da cui la società, nel suo complesso, impara. Questi errori inevitabilmente si accompagnano a insoddisfazione e dolore a livello individuale.

Non solo. Di per sé nemmeno il successo economico, il fatto di produrre qualcosa che piace ad altri e la soddisfazione monetaria che ne deriva, è garanzia di serenità e soddisfazione individuale. Se dobbiamo dare retta a Freud, ma anche a Rousseau, al contrario le società aperte e a divisione del lavoro avanzata fanno tutto fuorché generare felicità. Milioni di persone hanno la pancia piena, tuttavia non necessariamente riescono a dare un senso alla loro vita e alle proprie circostanze.

Repetita iuvant. Il liberalismo non serve a dare un senso alla vita e non s'azzarda a prometterlo. Le sette protestanti inglesi, da cui è partita questa breve ricognizione, non chiedevano altro allo Stato se non di *non* dire loro come pregare. Non era la libertà di coscienza che reclamavano per sé e per gli altri a dare significato alla loro vita: era il loro modo di pregare, era la loro fede.

In un mondo in cui la fede religiosa è appannaggio di sempre meno persone, cerchiamo dei surrogati, anche nelle credenze politiche. Il nazionalismo offre al singolo l'identificazione con un popolo, ovviamente «eletto» e migliore degli altri. Il socialismo è la più fortunata variazione sul tema dell'avvento del Regno di Dio in terra.

Un liberale sa che il liberalismo non solo non può promettere il paradiso in terra. Nemmeno può promettere che nella società aperta «andrà tutto bene». Se è onesto, usa con circospezione espressioni come «risolvere i problemi». Pensa che i problemi sociali, ma ancora di più la tristezza, la disillusione, il fallimento siano con noi da sempre e destinati a restarci. Che la politica non si metta di mezzo per peggiorarli, gli pare già non poca cosa. Libertà è essere lasciati in pace, lasciando in pace gli altri[24].

Che ovviamente è difficilissimo. A nessuno di noi piace lasciare in pace gli altri, nessuno si accontenta di vivere lasciando vivere. I nostri istinti innati ci spingono in tutt'altra direzione. Pensiamo non a qualche terribile dittatore, a noi per primi. Senza esprimere giudizi, gli esseri umani non andrebbero molto lontano. Preferiamo la gazzosa all'aranciata, la pizza alla minestra, una casa più piccola ma col terrazzo a una più grande ma al piano terra, e ci comportiamo di conseguenza. Proprio la sicurezza con cui viviamo la nostra vita ci porta a pensare di sapere come dovrebbero vivere, gli altri, la loro: se quella gonna è troppo corta, se le scarpe sono del colore giusto, se il gelato al puffo può stare nella stessa coppetta con la stracciatella. Il nostro rispetto per l'autonomia di giudizio altrui è il più delle volte una buona intenzione che non rischia di venir messa in pratica.

Questo vale, ovviamente, anche per i liberali stessi. Il liberalismo è una questione di *forme* più che di sostanza. Sono le forme – regole astratte, impersonali, che non guardano in faccia nessuno e che magari sono cieche anche innanzi al bisogno – che rendono la libertà «un fatto normale»[25]. Solo che i liberali sono esseri umani come tutti gli altri e rischiano di convincersi che lasciare in pace gli altri è possibile fino a un certo punto, che la tolleranza per stili di vita e preferenze altrui è ammissibile ma non proprio in tutti i casi. Le motivazioni spesso sono assai plausibili: ci sono fedi, dottrine e atteggiamenti intrinsecamente intolleranti e che, se si diffondessero, metterebbero a repentaglio la società aperta. Ma dove si tira la linea? Finché consideriamo la libertà come una questione di regole, ovvero di forme, è relativamente facile deciderlo. Sui suoi beni, il suo corpo e la sua mente, ciascuno può fare quel che vuole. Se però riteniamo che la libertà debba invece, anch'essa, prefigurare un qualche senso della vita, se pensiamo che per esempio libertà e soddisfazione individuale o autorealizzazione vadano di pari passo, il confine si sposta e diventa sempre più difficile capire dove debba passare. «Essere intolleranti con gli intolleranti» è comunque essere intolleranti.

La partita del liberalismo si gioca contro due nemici: uno esterno, il potere, e uno interno, il modo che ci viene più naturale di vedere il mondo. Questo lo mette in una posizione particolarmente difficile. Ma ci aiuta anche a capire perché esso non è mai stato «inventato», non corrisponde a un progetto e, a differenza delle altre grandi famiglie del pensiero politico, più che dei padri (battute su Enrico VIII a parte) ha dei figli: dei pensatori che ne hanno seguito le tracce nella storia e nella vita dei loro contemporanei e hanno provato a farne un sistema. Lasciare in pace gli altri è l'idea più controintuitiva e indigesta che potessimo trovare. Per fortuna ci siamo inciampati e ne abbiamo avuto in cambio la più incredibile esplosione di benessere economico della storia. Continuiamo a essere liberi finché scegliamo di essere ricchi. Quando ricchi lo siamo diventati, come vedremo nei capitoli successivi, la libertà perde molto del suo *appeal*.

note

[1] Lord Acton, *The Puritan Revolution*, in Id., *Lectures in Modern History*, a cura di J.N. Figgis e R.V. Laurence, London, Macmillan, 1906; trad. it. *La Rivoluzione puritana*, in Id., *Storia della libertà*, a cura di E. Capozzi, Roma, Ideazione, 1997, pp. 162-174 (p. 167 per la citazione).

[2] *Ibidem*, pp. 167-168.

[3] Voltaire, *Letters Concerning the English Nation* (1733), a cura di N. Cronk, 3ª ed., Oxford, Oxford University Press, 2009, p. 26.

[4] E. Montale, *La storia* (1969), in Id., *Satura*, Milano, Mondadori, 1971, p. 51.

[5] T. Stoppard, *The Coast of Utopia: Voyage*, London, Faber & Faber, 2002; trad. it. *La sponda dell'utopia*, Palermo, Sellerio, 2012, p. 394.

[6] Madame de Staël, *Considérations sur la Révolution française*, Paris, Delaunay/Bossange et Masson, 1818; trad. it. *Considerazioni sui principali avvenimenti della Rivoluzione francese*, Torino, Aragno, 2018, p. 18.

[7] Lord Acton, *The history of freedom in Christianity* (1877), in Id., *The History of Freedom and Other Essays*, a cura di J.N. Figgis e R.V. Laurence, London, Macmillan, 1907; trad. it. *Storia della libertà nell'epoca cristiana*, in *Storia della libertà*, cit., pp. 79-109 (p. 84 per la citazione).

[8] La vita sociale era dominata dal principio di gerarchia, ma i primatologi hanno scoperto anche le gerarchie inverse: di tanto in tanto ci si poteva alleare per deporre il capo.

[9] J. Tooby e L. Cosmides, *Evolutionary and psychological foundations*, in J.H. Barkow, L. Cosmides e J. Tooby (a cura di), *The Adapted Mind: Evolutionary Psychology and the Generation of Culture*, Oxford, Oxford University Press, 1992, p. 47.

[10] Sia concesso rimandare alla prefazione di G. Corbellini e A. Mingardi all'edizione italiana di F.A. von Hayek, *The Collected Works of Friedrich August Hayek*, vol. I: *The Fatal Conceit: The Errors of Socialism*, London, Routledge, 1988; trad. it. *La presunzione fatale. Gli errori del socialismo*, Torino, IBL Libri, 2023, pp. VII-LIV.

[11] F. Schiller, *Die Gesetzgebung des Lykurgus und Solon*, Leipzig, Georg Joachim Göschen, 1790; trad. it. *La legislazione di Licurgo e di Solone*, in Id., *Scritti storici*, Milano, Mondadori, 1959, p. 158.

[12] Si veda H.J. Berman, *Law and Revolution*, Cambridge, Mass., Harvard University Press, 1983; trad. it. *Diritto e rivoluzione*, Bologna, Il Mulino, 2006.

[13] A.S. Kahan, *Freedom from Fear: An Incomplete History of Liberalism*, Princeton, N.J., Princeton University Press, 2023, p. 27.

[14] G. Ferrero, *Pouvoir. Les génies invisibles de la cité*, New York, Brentano, 1942; trad. it. *Potere. I geni invisibili delle città*, introduzione di L. Pellicani, Cosenza, Marco, 2005, p. 23.

[15] A. de Tocqueville, *L'Ancien Régime et la Révolution*, Paris, Michel Lévy Frères, 1856; trad. it. *L'antico regime e la rivoluzione*, a cura di G. Candeloro, Milano, Rizzoli, 2008, p. 55.

[16] *Ibidem*, p. 153.

[17] *Ibidem*, p. 157.

[18] A. de Jasay, *The State*, New York, Basil Blackwell, 1985; trad. it. *Lo Stato*, Torino, IBL Libri, 2017, pp. 235 ss.

[19] «La fiducia nella possibilità (o nella probabilità) della felicità come prodotto dell'organizzazione razionale unisce tutti i sapienti umanitari dei tempi moderni». I. Berlin, *Historical Inevitability: Auguste Comte Memorial Trust Lecture No. 1*, Oxford, Oxford University Press, 1954; anche in Id., *Four Essays on Liberty*, Oxford, Oxford University Press, 1969; trad. it. *L'inevitabilità storica*, in *Quattro saggi sulla libertà*, Milano, Feltrinelli, 1989, p. 124.

[20] T.S. Szasz, *The Untamed Tongue: A Dissenting Dictionary*, LaSalle, Ill., OpenCourt, 1990, p. 87.

[21] Su liberalismo e borghesia, si vedano S. Ricossa, *Straborghese* (1980), Torino, IBL Libri, 2010 e, se non l'imponente *Bourgeois Trilogy* di D.N. McCloskey (*Bourgeois Virtues*, *Bourgeois Dignity*, *Bourgeois Equality*), almeno l'agile D.N. McCloskey e A. Carden, *Leave Me Alone and I'll Make You Rich: How the Bourgeois Deal Enriched the World*, Chicago, Ill., The University of Chicago Press, 2020; trad. it. *La grande ricchezza*, Roma, Luiss University Press, 2021.

[22] B. Leoni, *Two views of liberty, occidental and oriental (?)*, in «Il Politico», 31, 4, 1966, pp. 638-654; trad. it. *Due visioni della libertà, occidentale e orientale (?)*, ora in Id., *Opere complete*, vol. V: *Liberalismo e storia del pensiero politico*, con un saggio introduttivo di L.M. Bassani, Torino, IBL Libri, 2014, p. 219.

[23] Sul tema rimando a G. Corbellini e A. Mingardi, *La società chiusa in casa. La libertà dei moderni dopo la pandemia*, Venezia, Marsilio, 2021, pp. 151-210.

[24] Questa è «una prospettiva etica», come ci ricorda un importante filosofo contemporaneo: J. Lachs, *Meddling: On the Virtue of Leaving Others Alone*, Bloomington, Indiana University Press, 2014; trad. it. *Lasciare in pace gli altri. Una prospettiva etica*, Torino, IBL Libri, 2018.

[25] T. Stoppard, *Rock 'n' Roll*, London, Faber & Faber, 2006; trad. it. *Rock 'n' Roll*, Torino, Einaudi, 2011, p. 28.

Parte seconda | Oggi

Il primo Novecento è stato l'eclissi del liberalismo. Il secondo Novecento è stato attraversato da una contrapposizione, talora aspra, fra coloro che pensavano che solo l'intervento pubblico in economia potesse salvare la liberaldemocrazia e coloro che pensavano che ne stesse minando le fondamenta. La libertà contro libertà del nostro titolo.
Se il liberalismo mira a limitare il potere, cosa pensa dello Stato? È un male necessario o la leva imprescindibile per provare a costruire un futuro migliore? In altre parole, il liberalismo è «contro» o «nello» Stato?
Dal Settecento a oggi, sono cambiati i modi e i tempi dello sviluppo economico, la tecnologia, il peso della scienza nelle nostre vite. Il liberale abbraccia l'idea che la scienza possa insegnarci a governare la società? E a quali condizioni? Pensa che i benefici dell'intervento pubblico in economia, quando vi sono, si pagano in libertà individuale, o teme il «potere di mercato» esercitato dalla grande impresa privata? Crede che la crescita economica porterà a un mondo di maggiori libertà e diritti, o teme che il miglioramento tecnologico possa prendere anche strade illiberali e condurre a nuove forme di oppressione?

3. Una società più giusta?

di E. Felice

Ma verrà un giorno che tutte quante
lavoreremo in libertà.

Bella ciao delle mondine o *La risaia*,
attr. Rinaldo Salvadori, ca.1933

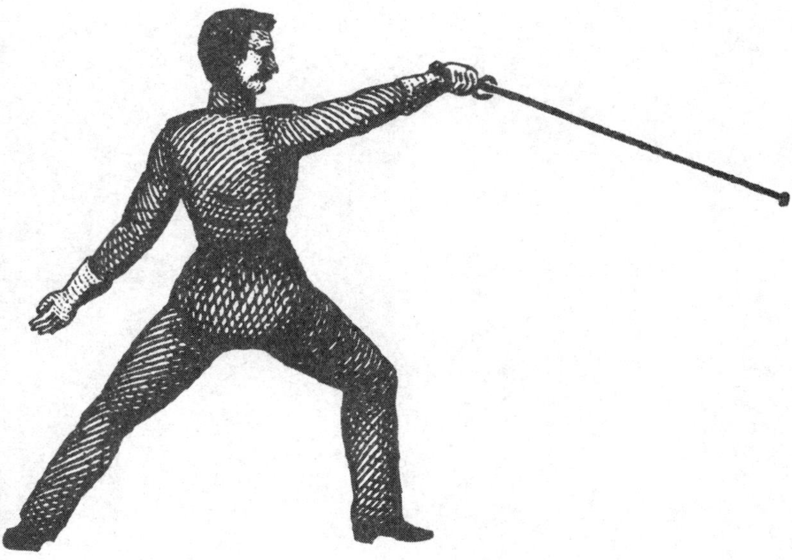

Le belle bandiere

La bandiera della libertà del lavoro è sventolata, all'inizio, dai liberali. E poi lasciata cadere? Verrà raccolta dai socialisti: la frase in epigrafe è il verso finale di una canzone che appartiene a quella tradizione, parla del massacrante lavoro delle mondine (e da cui nacque probabilmente, con la stessa musica e lo stesso ritornello, la celeberrima *Bella ciao*).

La libertà del lavoro – resa possibile dallo sviluppo tecnologico – è il fondamento dell'emancipazione umana. Questa è la stella polare cui guarda, nel Settecento, il pensiero liberale. A quell'epoca, chi si batte per spezzare le catene del privilegio e della rendita è innanzitutto la borghesia. È lei che del liberalismo incarna gli ideali, che guida e realizza le rivoluzioni americana e francese, e prima ancora inglese (rivoluzioni «borghesi»), che abbatte, prima culturalmente, poi politicamente, quindi economicamente e socialmente, l'*ancien régime*. Dischiude alla storia umana gli ideali del progresso, le imprime quella svolta verso l'affermazione della libertà, e magari verso un orizzonte cosmopolita di fratellanza universale, che filosofi pure così diversi fra loro come Kant ed Hegel seppero intravvedere, soprattutto, in quell'enorme rivolgimento che fu la Rivoluzione francese, nel cuore dell'Europa.

Il liberalismo è allora la cultura politica di una classe lavoratrice, produttiva, la borghesia appunto, che sta sfidando i privilegi dell'aristocrazia, giudicata parassita[1]. Eppure questa stessa visione è comune al pensiero socialista, a partire dall'Ottocento: la classe produttiva è ora il proletariato, che lotta contro i privilegi dei capitalisti, considerati i nuovi parassiti. La borghesia, come spiega Marx, diventando classe egemone è passata dall'altra parte della storia: da chi lotta per abbattere i privilegi, a chi combatte per mantenerli. Ma non sfugga che lo stesso Marx, quando fa notare che la fiaccola dell'emancipazione umana è andata dalla borghesia al proletariato, si muove in una traiettoria di impianto liberale (creata dai liberali): lineare, vede la storia come progressiva realizzazione della libertà umana. Anche la «dittatura del proletariato» è per Marx solo una tappa intermedia: la fase ultima del socialismo sarà la dissoluzione dello Stato, sostituito dalla libera associazione dei lavoratori; lo stesso obiettivo dei libertari, degli anarchici (differivano i mezzi); e lo stesso obiettivo addirittura di Lenin, che certo non era né liberale né libertario, ma che pure ci tiene a ribadire proprio questo, nel pieno della Rivoluzione russa, in *Stato e rivoluzione* (1918), cioè che nella fase superiore della società comunista si avrà l'estinzione dello Stato. Del resto, Marx immagina che le rivoluzioni socialiste si realizzeranno, dapprima, nei paesi più avanzati: anche in questo replica lo stesso schema dei liberali, schema che aveva visto all'opera nel secolo alle sue spalle.

Ma quindi Marx (... perfino!) può essere considerato un liberale? C'è chi lo ha sostenuto: come provocazione, ma non senza qualche buon argomento[2]. Probabilmente, se ci limitiamo al piano ideale, hanno ragione coloro che, come il socialista liberale Carlo Rosselli, vedono nel socialismo l'erede storico, o la prosecuzione logica, del liberalismo: perché il socialismo è il movimento che si propone di organizzare ed emancipare la classe più numerosa, e oppressa, e vitale per il progresso economico e quindi per far andare la storia nella direzione auspicata. Nella vicenda umana in carne e ossa, però, nella vita «reale», le cose si complicano. Il comunismo sovietico creato da Lenin, e tutti i regimi comunisti che da lì derivano (con gradi diversi, certo, ma *nessuno* escluso), è stato sicuramente un nemico della libertà umana[3]. Ma la socialdemocrazia, che ha le forme politiche di una democrazia liberale e quelle economiche di un regime misto fra mercato e intervento pubblico, è stata ed è nemica della libertà? In verità, si potrebbe sostenere, le socialdemocrazie occidentali sono state l'esperimento in cui si è raggiunta la massima libertà e realizzazione della persona umana, tutto sommato, nell'intera storia del mondo (e nella misura in cui continuano a esistere, lo sono tuttora): il punto massimo di realizzazione degli ideali liberali! Non lo pensa solo chi scrive, ma un *think tank* statunitense come Freedom House, che nella classifica annuale sulla libertà nel mondo (*Freedom in the World*) pone sistematicamente in cima non certo gli Usa, ma i paesi a più forte tradizione socialdemocratica – su tutti Svezia, Norvegia, Finlandia.

Bene. Proviamo allora a fissare un criterio.

Se noi pensiamo che il liberalismo sia l'ideologia di una classe sociale, la borghesia, e che il socialismo lo sia invece del movimento operaio – un'attribuzione certo legittima (lo sono stati, storicamente) – allora non possiamo che trovarli in contrapposizione: è la lotta di classe! E infatti si sono spesso contrapposti. Aggiungiamo: di solito con risultati disastrosi, per entrambi (come nel «socialismo reale»; quanto ai disastri del liberalismo antisocialista ne parleremo fra poco). Ecco, appunto. Se noi invece immaginiamo il liberalismo come un'ideologia che, partendo certo dal suo vissuto reale, vuole proporre una via all'emancipazione e un senso della storia per l'umanità intera (ed è stato ed è anche questo, il liberalismo), e lo stesso criterio applichiamo per il socialismo, allora non possiamo che evidenziare le loro origini comuni, sul piano ideale, e un'identica traiettoria: la dignità e la libertà delle persone che lavorano, l'ambizione di volgere il progresso tecnologico all'emancipazione umana – cioè ai diritti. E dovremmo aggiungere che proprio quando hanno collaborato, si sono fusi assieme, liberalismo e socialismo sono riusciti a realizzare meglio i loro ideali; come nelle socialdemocrazie. *Spoiler*: a maggior ragione dovrebbero ricongiungersi oggi, nell'orizzonte ecologista e nelle politiche urgenti che ne derivano.

Il punto (e qui viene il bello!) è che queste due concezioni del liberalismo[4], entrambe legittime, entrambe radicate e manifestatesi nella sua storia, sono fra loro alternative. Occorre scegliere. L'una o l'altra. Di seguito, cercherò di spiegare per quali motivi la visione del liberalismo come ideologia politica volta a emancipare l'umanità tutta (e quindi non solo come ideologia politica della borghesia e del capitalismo, di una data classe e di un dato modo di produzione; o di una sola parte del mondo) sia preferibile. Non solo perché risulta quella più nobile, alla fin fine (non è la libertà l'unico ideale che faccia battere il cuore dell'uomo nella sua qualità di uomo, senza il quale «la vita stessa muore», come ricordava Croce?). Ma soprattutto, perché a conti fatti mi sembra quella più coerente, in grado cioè di coniugare meglio le sue grandi aspirazioni con i risultati concreti. In questo – ed è davvero il punto centrale – è quella più utile (e nel riaffermarlo, sì, credo di seguire un criterio liberale, o «laico» come si direbbe oggi: nulla di dogmatico, solo un po' di metodo empirico). Mi sembra cioè che questa visione sia quella volta a tirar fuori, in questo caso dal liberalismo, il meglio di quello che può dare; e per questo motivo è anche quella, forse, in grado di arrecare qualche beneficio a questi nostri tempi, nella vita in carne e ossa delle persone, nella storia «reale». Che non è poco.

Proprietà e competizione

Consideriamo prima il liberalismo come ideologia politica della borghesia e del capitalismo. E prendiamo quelli che, in questo caso, sono i due pilastri del suo pensiero economico, e a questo punto non solo economico: la proprietà privata e la competizione (sul piano etico l'arricchimento individuale, che ne è alla base, ma di questo abbiamo parlato). La tesi che esporrò è semplice. Se questi due principi vengono assolutizzati, se cioè il diritto di proprietà diventa prioritario rispetto a (quasi) ogni altro diritto, e se la competizione è assurta a comportamento umano naturale e preferibile per il bene generale, se cioè facciamo di proprietà e competizione i cardini attorno a cui strutturare l'economia e la società, e le relazioni fra le persone, avendo per riferimento etico l'arricchimento individuale, ebbene allora il liberalismo, questo liberalismo, conduce l'umanità al disastro. A una feroce oppressione e alla più totale negazione dei diritti – e quindi di sé stesso. L'ha già fatto in passato, lo sta facendo oggi e rischia di farlo in futuro (in un futuro a noi prossimo).

Per evitare questo risultato, occorrono due cose. Primo, alla proprietà vanno affiancati tutti gli altri diritti (civili e politici; sociali, economici e culturali; ambientali) e il loro bilanciamento, nei casi di conflitto fra titolari di diversi diritti, va affidato al metodo della democrazia liberale[5]. Secondo, alla competizione va affiancata la cooperazione, nel senso dell'aiuto reciproco, o mutuo appoggio. È un altro liberalismo, evidentemente, e un'altra idea della libertà umana: *insieme* agli altri e non *contro* gli altri. Ma procediamo con ordine.

Nell'Ottocento, il liberalismo classico era incentrato sul diritto di proprietà e sulla competizione. Del primo, i titolari potevano fare quello che volevano, quasi senza nessuna responsabilità sociale: potevano inquinare a piacimento, potevano mettere a lavorare gli operai fino allo sfinimento, pagandoli il minimo indispensabile per sopravvivere, senza alcun contributo sociale; potevano assumere e far lavorare anche i bambini. Lo Stato (liberale, borghese) difendeva la loro proprietà con le armi, fino alle estreme conseguenze. Scioperare era considerato un reato contro la proprietà e la polizia interveniva, spesso, in modo violento: numerosi sono gli episodi di uccisione di operai, nell'Ottocento, in pressoché tutti i paesi avanzati del tempo, Italia inclusa, ad opera della polizia «in difesa della proprietà», come cantava Lucio Dalla (*Passato, presente*; le parole sono del poeta Roversi). È da quel sangue – in Galles, nel 1831, durante uno sciopero dei minatori – che deriva probabilmente il rosso delle bandiere socialiste. Del resto, sulla proprietà o comunque sul reddito si fondava, inizialmente, quasi sempre, anche il diritto di voto. Anche cioè l'esercizio dei diritti politici. E spesso di quelli civili. Mentre i diritti sociali semplicemente non esistevano.

Il primato della proprietà si affiancava all'esaltazione della competizione: la quale serve a selezionare i migliori, è quindi la chiave del progresso umano e sociale. Il darwinismo, che fa irruzione allora nelle scienze a spiegare le origini di noi esseri umani, viene distorto (nella selezione naturale non sopravvive necessariamente il migliore ma il più adatto, Darwin ci tiene a ribadirlo) e trasferito alla società, diventando darwinismo sociale: per giustificare la supremazia del nuovo ceto dominante, la borghesia, come conseguenza di una lotta per la sopravvivenza che premia il migliore. Vengono trasferiti poi, questi stessi principi, all'arena internazionale, al confronto fra le civiltà. E diventano vero e proprio razzismo.

Con quali esiti?

Le società liberali dell'Ottocento, occidentali, «progredite» come nessun'altra nella storia umana sul piano economico, tecnologico e scientifico, sono anche società con altissime disuguaglianze. Per tutto l'Ottocento, secondo le stime, i divari interni ai paesi europei aumentano[6]. Crescono anche i conflitti sociali e le rispettive élite, in ciascuna delle potenze in campo, fanno leva sull'orgoglio nazionale. Quelle società cadono preda della fascinazione imperialista, dapprima, e sprofondano nella barbarie della Prima guerra mondiale: una guerra fra nazioni più o meno liberali, all'epoca (sì, lo erano con gradi diversi anche la Germania e l'Austria-Ungheria, non l'Impero russo), pur se non sempre democratiche, promossa e guidata, oltre che dagli apparati militari, dalle rispettive borghesie e dai loro giornali, che pure in sostanza erano liberali. I cui crimini – dall'artiglieria alla mitraglia, fino ai gas e ai bombardamenti sulle città – sono alimentati e ampliati dal capitalismo industriale che in quei paesi si è sviluppato; e con cui i magnati si arricchiscono. Dopo la guerra, queste potenti ma ancor più fragili società, così disuguali, così contraddittorie o ipocrite nell'affermare i valori liberali, così violente adesso anche, e lacerate, finiranno affascinate dal totalitarismo comunista e da quello opposto, fascista, per poi cadere preda della più grave crisi economica dell'era industriale: rispetto alla quale appaiono impotenti, prigioniere ancora delle ricette del liberalismo classico (l'ortodossia di bilancio). In una delle nazioni occidentali in assoluto più progredite al mondo, da ogni punto di vista, come vedremo proprio l'incapacità di reagire alla crisi del 1929 sarà un fattore determinante, benché non l'unico, per l'ascesa e la presa del potere del peggiore «mostro» (in termini di negazione di diritti) comparso forse in tutta la storia umana: il nazismo. Il liberalismo è sul punto di soccombere. Di fatto scomparirà, fra il 1940 e il 1941, dall'intera Europa continentale! E riuscirà a tornarvi, dopo l'imprevista resistenza degli inglesi, solo grazie agli Stati Uniti di Roosevelt (un liberale progressista, come sappiamo) e alle vittorie dell'Armata rossa (tutt'altro che liberale). Insomma, se non era per Roosevelt addio al liberalismo in Europa: se la sarebbero giocata Hitler e Stalin.

Difatti Roosevelt, sia per la sua posizione oggettiva sia per quello che fece in patria e all'estero, è forse fra i politici del Nuovo liberalismo, e fra i presidenti degli Stati Uniti, in assoluto il più grande. Ma non divaghiamo. Va riconosciuto che al comunismo, al fascismo e al nazismo si arriva solo per via indiretta, attraverso la crisi del liberalismo classico: le loro vittorie, e quindi i loro crimini, derivano in parte dagli errori che questo (inevitabilmente) compie (data la sua natura); ma non sono da addebitare sul suo conto. Fuori d'Europa, invece, dobbiamo parlare di una responsabilità diretta, imputabile sul piano ideale proprio ai due principi – proprietà e competizione – del liberalismo classico. Per crimini gravissimi contro l'umanità.

Dal 1885 al 1908 si compie in Congo quel che per dimensioni (non per le motivazioni) dovremmo accostare dopo ai genocidi del Novecento: le vittime variano secondo le stime dai 3 agli 8 milioni (ma per alcuni anche di più), su una popolazione totale che andava dai 10 ai 30 milioni. Il paese venne ribattezzato allora «Stato libero del Congo» (mai nome fu più beffardo) ed era, in realtà, una proprietà personale del re del Belgio, Leopoldo II: questi mise su un sistema schiavistico di sfruttamento della manodopera locale, per estrarre, al costo più basso, la massima quantità possibile di gomma naturale, da vendere sui mercati internazionali. Gli occupanti imponevano quote di produzione altissime e, per farle rispettare, oltre al lavoro schiavistico praticavano su larga scala la tortura, l'incendio dei villaggi, le esecuzioni di massa. A un certo punto, per risparmiare sulle munizioni, e per aumentare il controllo, si cominciò a chiedere a chi uccideva di restituire, per ogni proiettile in dotazione, una mano mozzata. I cesti di mani divennero il simbolo di quell'olocausto. Lugubre controcanto, conosciuto mai abbastanza, alla «mano invisibile» di Adam Smith (o, per quel che vale, alla prosperità di Anversa, la principale città portuale del Belgio cui questa gomma arrivava: il cui simbolo antico, già nel nome, è proprio una mano mozzata).

Ora, Leopoldo II non era certo povero, né poco istruito. In fondo voleva far fruttare al meglio quella sua proprietà (grande 77 volte il Belgio!), partecipando alla competizione globale. Nulla di più, nulla di meno. Il darwinismo sociale e il razzismo, la mancanza di regole che proteggessero i diritti umani dagli abusi della proprietà – tratti riconducibili a una stessa impostazione – fecero il resto. Ci sono molti altri esempi che si potrebbero ricordare, in tutto il mondo coloniale o semicoloniale: dove peraltro la stessa proprietà altro non fu (spessissimo) che appropriazione europea sulla base della forza, non del diritto. E si potrebbe andare anche più indietro, allo schiavismo promosso dai mercanti europei, con la collaborazione delle popolazioni locali, nel commercio triangolare, dal XVI al XIX secolo: per numeri, in assoluto, e forse anche per tassi di mortalità, la forma di schiavitù più vasta e terribile dell'intera storia umana. E che già allora seguiva le stesse logiche: proprietà privata e competizione (e la stessa etica: arricchimento individuale *über alles*).

Altro che la favola della mano invisibile! (O meglio, della versione volgarizzata che si fa di un'affascinante intuizione di Adam Smith, pensatore grande e complesso, e che andrebbe letto e compreso *nel suo tempo*).

Si potrebbe poi andare più avanti: a quel che si è visto negli ultimi decenni, ma ne parleremo fra poco. Prima consideriamo le alternative, messe in campo dai liberali progressisti nel corso del Novecento, e che tutto sommato hanno avuto un buon successo, come anticipato. La loro visione si fonda sulla pluralità dei diritti, dei comportamenti e delle forme economiche (non vuole eliminare proprietà e competizione, ma le relativizza). È anche, a mio giudizio, più liberale: sia su un piano ideale che su quello, concreto, dei risultati.

Quali «ricette»?

Proprietà privata e competizione hanno rappresentato una leva importante per lo sviluppo economico e la prosperità, in molti casi. Il mercato e l'etica dell'arricchimento individuale sono stati un grimaldello formidabile per scardinare l'ordine statico del vecchio mondo, un ordine fondato sulla disuguaglianza (anche) di diritto, sull'oppressione legalizzata; e che produceva miseria. *La ricchezza delle nazioni* di Adam Smith, per esempio, metteva in discussione gli assetti vigenti e il modo in cui i ricchi di allora avevano ottenuto le loro fortune. Quando uscì, nel 1776, l'abolizione delle corporazioni e la liberalizzazione del commercio – fra gli Stati, ma allora anche dentro gli Stati – erano misure indispensabili per consentire al potenziale nascente della Rivoluzione industriale di dispiegarsi. Per avviare lo sviluppo economico moderno, che darà all'umanità le condizioni materiali e tecnologiche (e la convenienza economica) per una progressiva estensione dei diritti.

Ma sono questi principi e queste «ricette» universalmente validi, in ogni luogo e in ogni tempo? Crederlo non è solo un atto di fede, dogmatico, che credo di liberale abbia poco. Ma è anche, come nota Dani Rodrik, «cattiva economia»[7]. Se c'è una cosa che la storia economica ci insegna, infatti, è che non esistono politiche che siano sempre efficaci, o sempre sbagliate, con l'eccezione di pochi casi estremi. L'autarchia, per esempio, è nociva all'economia, specie se il paese è piccolo (per ovvie ragioni), la confisca arbitraria e reiterata è ugualmente nociva: ecco due rari casi estremi. Ma il protezionismo non è l'autarchia, a volte può essere utile allo sviluppo di un paese, se ben calibrato e per un periodo limitato. Volete un esempio? Gli Stati Uniti e la Germania, fra Otto e Novecento, quando sono diventati rispettivamente la prima e la seconda economia industriale al mondo; ma perfino l'Inghilterra fu protezionista, all'epoca della sua ascesa commerciale (con i *Navigation Acts*, specie a danno dell'Olanda). E quale sarebbe il grado ottimale di protezione, o di liberalizzazione del commercio? Dipende: dallo sviluppo industriale e finanziario di un paese, dai settori in gioco e dai vantaggi comparati, dalle condizioni sociali e politiche, dalle relazioni fra i diversi livelli e tipologie di tariffe, nonché dal più ampio contesto internazionale (le migrazioni e gli investimenti di capitale, per esempio).

Allo stesso modo, una tassazione progressiva sui redditi e le ricchezze non è una confisca arbitraria: qual è il livello migliore di imposizione fiscale, tale da favorire la crescita di beni pubblici senza disincentivare la produzione privata (e anzi magari favorendola)? Anche in questo caso, la risposta dipende da molti fattori: oggi una tassazione progressiva sulle grandi ricchezze, oltre a consentire la tenuta dei sistemi di welfare, è probabilmente utile alla crescita, nella misura in cui incentiva gli investimenti produttivi a scapito della rendita, o della speculazione. E il salario minimo? Al di là delle ragioni etiche, o politiche, la teoria economica tradizionale obietta che ridurrebbe l'occupazione, con il risultato che più persone si ritrovano senza lavoro e senza salario. Ma nella realtà, questo può essere vero o meno a seconda di quanto il mercato sia competitivo, di quale sia l'ammontare del minimo rispetto ai salari medi, del tasso di disoccupazione già esistente, dei valori culturali prevalenti, della morfologia d'impresa, della specializzazione settoriale. A certe condizioni, come in questi anni in Germania, il salario minimo non ha impatti sull'occupazione e può anche favorire la produttività (e quindi la crescita, di nuovo, oltre che la redistribuzione). E i monopoli, scoraggiano l'innovazione sempre e comunque? In alcuni casi possono addirittura favorirla, perfino quelli pubblici: se ad esempio la spinta a innovare ha motivazioni etiche, sociali, o anche geopolitiche, esterne rispetto alla competizione intrasettoriale, e se quella spinta ha bisogno di importanti risorse da investire in un contesto relativamente protetto. Altrimenti non si spiega perché i sovietici siano stati i primi a mandare un uomo nello spazio (o, nel mondo libero, non si spiega la bomba atomica).

Insomma, ogni misura economica va valutata nel suo specifico contesto, certo alla luce dell'esperienza. E in un'ottica liberale, peraltro, andrebbero tenute in conto non solo le conseguenze economiche, ma anche quelle per i diversi diritti umani di volta in volta in gioco e magari per la tenuta complessiva della democrazia, delle libertà civili e politiche: se una misura che liberalizza l'economia fa aumentare il Pil (molte volte è successo, non sempre), ma compromette i diritti sociali, o distrugge gli ecosistemi, o fa crescere le disuguaglianze in modo da favorire la vittoria di forze illiberali (è successo anche tutto questo), è una misura saggia, difendibile da un punto di vista liberale?

I liberali non credono alle verità assolute (o non dovrebbero). Il liberalismo è un'idea e una politica il cui metodo, come abbiamo visto, consiste nella libertà di indagine, nel rifiuto del dogma. Per questo la sua storia è così ampia, diversificata, contraddittoria anche, a volte. Il liberalismo deve saper cambiare, se muta il contesto, o se la ricerca ci consegna nuovi dati su cui riflettere. E di questo suo evolvere nel tempo ha dato bellissime prove. Una è John Stuart Mill. Non un minore, ma forse il più influente pensatore liberale dell'Ottocento.

La prima edizione dei *Principi di economia politica* di Mill, nel 1848, è ancora tutta dentro la visione tradizionale del liberalismo. Nelle successive edizioni si introducono però, gradualmente, elementi innovativi, o «radicali» come si diceva allora, in direzione di quello che sarà poi il liberalismo sociale. L'Inghilterra e l'Europa stanno cambiando, la rivoluzione industriale si fa più matura, nasce il movimento cooperativo, si introducono le norme per limitare lo sfruttamento dei lavoratori, ed è come se questo grande studioso liberale vivesse su sé stesso, in prima persona, il senso della storia, di una traiettoria possibile: verso la progressiva estensione dei diritti e delle libertà, in una politica e attraverso un'economia via via più inclusive. L'ultima edizione dei suoi *Principi*, la settima, è del 1871, due anni prima della morte, e a quel punto, come ricorda Edmund Fawcett, «alcuni liberali scambiavano Mill per un socialista»[8]. Un equivoco, ma rende bene l'idea.

Fra l'altro, Mill introduce i temi dell'ecologismo (prima anche dei socialisti): pone l'accento sul consumo delle risorse naturali e sui limiti della crescita, auspica uno stadio stazionario, in futuro, dove gli esseri umani si dedicheranno finalmente all'«arte di vivere», anziché a quella di «andare sempre avanti»[9]. Mill unisce queste riflessioni economiche ad altre ugualmente avanzate sul piano etico e politico. In *Utilitarianism* (1861) va oltre l'individualismo tradizionale, valorizzando i sentimenti della simpatia e della condivisione, che legano la felicità individuale a quella «generale»; coerentemente, guarda con favore al movimento cooperativo, di cui nota sia le potenzialità economiche che quelle etiche (una autentica «rivoluzione morale nella società»)[10].

Qualche decennio dopo, l'anarchico Peter Kropotkin, in *Mutual Aid* (1902), fornisce le basi per lo studio scientifico del comportamento cooperativo, nelle società animali e umane. Altro che competizione! La cooperazione, intesa come aiuto reciproco o mutuo appoggio, è molto più diffusa di quanto si pensi. E non per altruismo. Può essere la chiave per la sopravvivenza umana, come di molte altre specie animali: è «un fattore dell'evoluzione», recita il sottotitolo del libro. Questo è vero soprattutto quando le condizioni di contesto sono più difficili (parte delle considerazioni di Kropotkin derivano da esperienza diretta, nella Siberia orientale, fra i buriati). Non che la competizione non esista, beninteso. Ma il suo ruolo è stato molto sopravvalutato: per Kropotkin, in linea di massima la competizione per le risorse è un comportamento razionale, evolutivo, solo nei contesti di abbondanza; non in quelli di scarsità. Proviamo a trasferire questi concetti alla crisi ecologica che stiamo vivendo: nel collasso climatico, se Kropotkin ha ragione, non sarà la competizione a salvarci! (anzi, i casi di collasso ambientale studiati da storici e antropologi, come quello dell'Isola di Pasqua, mostrano che quando le risorse iniziano a scarseggiare la competizione finisce per peggiorare le cose)[11].

D'accordo, Kropotkin era un anarchico. Ma proprio per questo idealmente non era certo un nemico della libertà, anzi. La libertà non va confusa con la competizione: per Kropotkin, forse il pensatore libertario più importante del suo tempo, la libertà si realizza insieme agli altri, nel mutuo appoggio. Anche un liberale inglese come Leonard Hobhouse ammoniva a non confondere libertà e competizione: lo fa in *Liberalism* (1911), uno dei suoi libri più importanti[12]. Seguendo le orme di Mill, e poi di Green, Hobhouse fu il primo a definire le sue posizioni, esplicitamente, di liberalismo sociale. Credeva nel ruolo dei sindacati e anche in quello dello Stato, per assicurare i diritti sociali. E quanto alla proprietà privata, distingueva fra quella che si ha «per uso», parte indispensabile della realizzazione di ogni persona, e quella che si ha «per potere», che può condurre invece all'oppressione. Sì, c'è anche l'oppressione economica, non solo quella politica. Era la realtà, come abbiamo visto, e a un certo punto i liberali cominciarono a riconoscerlo.

Gli esponenti del Nuovo liberalismo, per essere più precisi, che cercheranno poi l'incontro con il socialismo democratico. Sulla scia di Mill, di Green, di Hobhouse arriveranno, in Inghilterra, figure come William Beveridge, il fondatore del moderno *welfare State* universalista, e John Maynard Keynes. A quel tempo loro sono il punto di arrivo (e non di partenza) di una riflessione decennale, e per certi aspetti plurisecolare, del pensiero liberale.

Gran parte dell'opera di Keynes, in effetti, può essere letta come una messa in guardia, a un tempo con profondità e buon senso (e a volte con ironia), in merito al punto fondamentale: bisogna collocare le politiche economiche nel loro contesto, nel luogo e nel tempo, rifiutando il dogma. La sua celebre frase, «nel lungo periodo siamo tutti morti», va letta proprio in quest'ottica, in polemica con quanti, in modo ideologico, esortavano a lasciar fare il mercato, perché tanto nel lungo periodo si sarebbe aggiustato da sé. Keynes, intendiamoci, sul libero scambio la pensa come Adam Smith – e come chi scrive. Nel saggio *Am I liberal?* (1925, con punto di domanda), dopo aver ricordato che il partito liberale, nell'Inghilterra del tempo, era la forza che si batteva, fra l'altro, per «l'imposizione fiscale fortemente progressiva sui redditi e sulle ricchezze, il generoso impiego del denaro pubblico per la "riforma sociale" – cioè l'assicurazione per la malattia, la disoccupazione, e la vecchiaia –, l'istruzione, l'edilizia e la sanità pubblica» (ah, i liberali di una volta!), osserva che, «nel lungo periodo e in generale», il libero scambio è «l'unica politica tecnicamente sensata e intellettualmente solida» (e Smith ha ragione: crescono i benefici complessivi quando ciascun paese si specializza dove ha un vantaggio comparato). Ma appunto, nel lungo periodo; non sempre nel breve. Qualche pagina dopo, nel delineare la visione di un moderno partito liberale aggiunge che non ritiene sbagliati l'individualismo e il *laissez-faire* «nelle circostanze che li hanno generati» (anzi, se lui fosse nato cent'anni prima li avrebbe sostenuti); ma che essi «non sono più applicabili nelle circostanze attuali»[13].

Keynes aggiunge anche qualcos'altro, in parte conseguenza della sua riflessione sulle aspettative (di breve e lungo periodo) e quindi sulla mancata equivalenza fra risparmio e investimento. Lo fa soprattutto nella sua opera maggiore, *Teoria generale dell'occupazione, dell'interesse e della moneta* (1936), scritta non a caso dopo la crisi del 1929, cercando di far tesoro di quella esperienza: lo Stato deve intervenire, non solo per garantire i diritti sociali e i beni pubblici, ma per «stabilizzare il ciclo», cioè per favorire la crescita dell'economia. Qui siamo ancora in un discorso liberale? Di nuovo, guardiamo al contesto. Lo Stato di Keynes non è il monarca assoluto, né il totalitarismo fascista o comunista. È una democrazia, per giunta liberale (in cui non c'è la tirannia della maggioranza). È questo il «sovrano» che interviene, nel mercato: un potere che non è né monolitico, né arbitrario. E attenzione. Una simile osservazione forse ai nostri tempi vale ancora di più: noi ormai viviamo in democrazie multistrato, in cui il potere politico si divide non solo in senso orizzontale (legislativo, esecutivo, giudiziario) ma anche verticale, fra comuni, regioni, Stati nazionali e organismi sovranazionali (si pensi all'Unione Europea). Insomma, ma ci torneremo, ai giorni nostri tenderei a ridimensionare di molto il rischio che l'intervento pubblico porti al Leviatano. Beninteso, come vedremo, il rischio del Leviatano – cioè di un potere assoluto che nega le libertà, il mostro biblico del filosofo Hobbes – oggi c'è, eccome, però non viene dalla forza degli Stati democratico-liberali. Ma dal suo contrario: dalla loro debolezza, rispetto ai giganti economici e tecnologici o ai regimi autoritari.

Perché il neoliberalismo è in crisi?

Che il Leviatano venisse dalla mano pubblica, cioè dall'intervento dello Stato, era ed è l'opinione dei neoliberali. Nel 1944 il libro di Friedrich von Hayek, *The Road to Serfdom* (*La via della schiavitù*), dedicato «ai socialisti di tutti i partiti», ha proprio questa come tesi centrale, sin dal titolo, ed è una critica alle politiche dei liberali progressisti e alla socialdemocrazia. Già da qui si capisce che il neoliberalismo, di cui Hayek è fra i maggiori esponenti, si propone non solo come dottrina economica, volta a liberalizzare i mercati, ma come una vera e propria filosofia politica. Coerentemente peraltro con il suo nome, e in aperta polemica quando nacque con il Nuovo liberalismo (ripetiamo: *new* e *neo* sono due prefissi simili, ma in questo caso rappresentano due visioni opposte... il duello nasce qui!). In essenza, il pensiero neoliberale ritiene che la libertà economica è la chiave per la libertà politica e per ogni altra libertà. Per dirla con Milton Friedman, in *Capitalism and Freedom* (1962): la libertà economica è la «condizione necessaria per la libertà politica»[14]. Ed è anche una condizione facilitante: la libertà economica, donando prosperità e crescita, porta in genere all'affermazione dei diritti. In questo, si noti, il neoliberalismo ha un afflato materialista e determinista che lo accomuna al marxismo, pur se da una sponda diametralmente opposta. Le ideologie che interpretano la storia con poche, semplici causali possiedono un certo fascino, forse per il modo in cui la mente funziona, hanno presa facile nel nostro animo. Ma sono sbagliate, di norma, perché la storia umana è un po' più complicata.

A partire dalle vittorie elettorali di Margaret Thatcher nel Regno Unito (1979) e di Ronald Reagan negli Stati Uniti (1980), il neoliberalismo è diventato il pensiero dominante (nell'economia, nella cultura intesa come visione della vita e in parte nella politica) degli ultimi decenni, nel mondo: le sue proposte sono state ovviamente applicate con gradi diversi a seconda dei paesi, non senza contraddizioni o elementi originali. Ma questo fa parte delle cose umane, succede a tutte le ideologie. Per l'Europa continentale, Italia compresa, sarebbe più corretto parlare di ordoliberalismo, che ne rappresenta per certi versi la «variante tedesca». Accomunati dalla critica al keynesismo, neoliberali e ordoliberali si dividono su un punto fondamentale: mentre i primi credono che la libera concorrenza sia un fenomeno naturale delle società umane, che i poteri pubblici semmai ostacolano (al fondo vi è una radice libertaria), gli ordoliberali pensano che il mercato, per tenersi in piedi, abbia bisogno di un efficace Stato regolatore, pena il rischio di cadere nel monopolio o comunque in eccessive concentrazioni di potere. Sia gli uni che gli altri condividono però l'assunto ideologico, o politico, di base: il mercato, vuoi come fenomeno spontaneo vuoi perché sostenuto da regole efficaci, è la chiave per la libertà, per la prosperità e per i diritti. L'intervento dello Stato nell'economia invece ostacola la crescita e, rafforzando indebitamente il potere politico (il Leviatano), può condurre all'oppressione[15].

Se guardiamo ai risultati economici, le politiche neoliberali hanno avuto alterne fortune, vale a dire esiti molto diversi a seconda dei contesti e del modo in cui sono state applicate. In alcuni paesi avanzati, Usa e Regno Unito su tutti, hanno effettivamente portato a una crescita del Pil; ma questa è avvenuta al prezzo dell'aumento delle disuguaglianze, della perdita dei diritti sociali e (specie negli Stati Uniti) perfino di una stagnazione del reddito reale e di una riduzione del benessere e delle aspettative dei ceti medi, cioè di una grande fetta di cittadini. Nel mondo in via di sviluppo, e soprattutto in Asia, è opinione comune che le politiche neoliberali abbiano consentito a centinaia di milioni, e poi miliardi di persone, di uscire dalla povertà, in appena due o tre generazioni: una crescita spettacolare, mai vista nella storia umana. Questo però è vero solo in parte. Il grosso della crescita di quei paesi è dovuto a politiche di liberalizzazione del commercio, le quali, se condivise certo dai neoliberali, sono proprie anche dei liberali progressisti, e furono infatti da loro impostate alla fine della Seconda guerra mondiale (il Gatt fu creato nel 1947), per poi essere gradualmente estese, soprattutto negli anni Novanta (quando il Gatt è diventato Wto). In questo quadro positivo, altre politiche, queste sì caratteristiche dei neoliberali, hanno introdotto serie distorsioni, remando in direzione opposta: la liberalizzazione totale dei movimenti di capitale, realizzata fra gli anni Ottanta e Novanta, ha favorito crisi finanziarie che hanno colpito soprattutto le economie emergenti, mentre ha incentivato le attività speculative rispetto agli investimenti stabili – azzoppando un importante fattore di convergenza. Va detto poi che le economie che sono cresciute di più, a cominciare dalla Cina (ma prima di lei anche le «Tigri asiatiche»), lo hanno fatto conservando un forte ruolo dello Stato, non solo come regolatore ma anche come programmatore e imprenditore. Certo, hanno comunque beneficiato della liberalizzazione della loro economia. Ma fra l'India e la Cina, per esempio, la seconda ha mantenuto un maggiore intervento pubblico ed è andata nettamente meglio. E in altre regioni ancora (nell'ex Unione Sovietica, in Argentina, in molti paesi dell'Africa) l'applicazione dogmatica di alcune ricette neoliberali, negli anni Novanta, ha condotto a veri e propri disastri, sia economici che sociali; e politici (Putin è in parte il prodotto di quei fallimenti).

Insomma, il verdetto mi pare incerto. Le politiche neoliberali hanno qualche merito, ma anche gravi demeriti. E soprattutto si può ragionevolmente sostenere che, con politiche più keynesiane e meno neoliberali, con economie miste, il mondo e i paesi in via di sviluppo negli ultimi decenni avrebbero potuto crescere anche di più, e meglio. Se poi consideriamo l'andamento globale del Pil, ebbene i tassi di aumento maggiori (non solo per l'Occidente, ma per il mondo intero) si registrano negli anni Cinquanta e Sessanta, all'epoca delle politiche keynesiane: sopra il 3%, secondo i dati della Banca Mondiale, o del Maddison

Project[16]; negli anni Ottanta, Novanta e Duemila, la crescita annuale del Pil mondiale è stata invece poco sopra l'1% (in entrambi i casi, a prezzi costanti). Keynes aveva ragione quindi, tutto sommato?

Quello che possiamo affermare è che vi è stata, da parte degli economisti di formazione neoliberale, una notevole presunzione nel ritenere migliori le loro teorie e soluzioni – una presunzione ideologica, verrebbe da dire. Clamorosamente smentita dai fatti. Nel 2003, il premio Nobel Robert Lucas dichiarava, nel suo discorso presidenziale al 150esimo incontro dell'American Economic Association, che «il problema centrale della macroeconomia di prevenire la recessione è stato risolto, per tutti gli aspetti pratici, ed è stato infatti risolto per molti decenni»: si riferiva, in particolare, alla prevenzione di una crisi simile a quella del 1929. Sorprende la certezza granitica di un'affermazione del genere, in un'occasione solenne, da parte di uno degli economisti più influenti del suo tempo e della scuola neoliberale (la «scuola di Chicago»): considerare il problema della prevenzione delle crisi risolto *for all practical purposes* e, addirittura, *for many decades*[17]. Questo era il clima. Di lì a poco, la crisi del 2008, da loro non prevista, e molto simile nei suoi motivi di fondo proprio alla crisi del 1929 (crollo dei prezzi per insufficiente domanda), si sarebbe incaricata di incenerire tanta *hybris*.

La crisi del 2008 ha dissolto – una volta di più – l'illusione che il mercato potesse regolarsi da solo e ha aperto, fra gli economisti, alla necessità di un nuovo intervento pubblico, per correggere i fallimenti del mercato, e (auspicabilmente) a una nuova epoca di «liberalismo inclusivo», come scrivono Michele Salvati e Norberto Dilmore, che sostituisca anche come narrazione egemonica la fase neoliberale[18]. Le critiche agli effetti di quelle politiche nel paese che più se ne è fatto campione, gli Stati Uniti, sono del resto sempre più frequenti, dure, autorevoli: già solo il titolo di uno dei lavori più recenti, a firma di Anne Case e del premio Nobel Angus Deaton, *Morti per disperazione* (2020), rende l'idea[19].

Il neoliberalismo però non è solo una dottrina economica, come accennato. È anche una visione politica. E i fallimenti politici del neoliberalismo – ben quattro, a grandi linee – sono forse ancora più gravi. Anche da una prospettiva liberale (anzi, soprattutto!).

Intanto, ripetiamolo: il timore di Hayek – la mano pubblica in economia conduce alla perdita della libertà – si è rivelato infondato, alla prova della storia. Beninteso, almeno fino a questo momento; e tutto sommato. Ma è così. Le democrazie occidentali del secondo dopoguerra, caratterizzate da un forte intervento dello Stato (regole e programmazione, tasse progressive e welfare, imprese pubbliche dalle industrie ai servizi), non hanno visto la perdita della libertà, al contrario: la riduzione delle disuguaglianze e l'affermazione dei diritti sociali – casa, istruzione, salute, reddito garantito – hanno consentito a sempre più persone di rivendicare e godere anche di nuove libertà civili, su tutte la libertà di amare (per le donne e per le persone Lgbtq+, ma in realtà poi per tutte e per tutti), o più semplicemente la libertà di decidere della propria vita, da soli o insieme agli altri: il diritto alla ricerca della felicità. Anche sul piano politico, per molti aspetti le democrazie liberali dell'epoca erano più solide (maggiore la percentuale di cittadini che si recava alle urne, più democratica la vita dei partiti) e peraltro in espansione. Altro che «la via della schiavitù», come, pur forse legittimamente all'epoca, temeva Hayek: l'intervento pubblico può essere invece – è stato – fautore di un ulteriore ampliamento delle libertà della persona, cioè di un avanzamento degli ideali liberali. Avevano ragione i Nuovi liberali.

Il secondo fallimento del pensiero neoliberale è lo specchio del primo. Nei paesi occidentali, dopo decenni di politiche che hanno ridotto il welfare e il ruolo dello Stato, tolto diritti ai lavoratori e fatto crescere le disuguaglianze, le democrazie liberali si trovano in una crisi profonda. Anche dove il Pil è cresciuto molto, come negli Stati Uniti. Uno dei motivi è che sono aumentate le disuguaglianze e i cittadini hanno meno diritti sociali e, quindi, meno possibilità di realizzarsi nella vita, hanno meno libertà «reale» (sono le *capabilities* di cui parlano Sen e Nussbaum): si sentono sfiduciati e tendono a credere meno nel sistema, o a impegnarsi per il bene pubblico. Difatti gli Usa oggi non sono più *the land of opportunity*, ma il loro contrario: un paese in cui le condizioni di partenza, il fatto di nascere in una famiglia ricca o povera, hanno un peso schiacciante, ben più che nella vecchia Europa, nel determinare cosa e chi si diventerà nella vita (perché consentono o meno di aspirare a un'adeguata istruzione, in un contesto sempre più competitivo; perché mancano reti di protezione sociali pubbliche e restano quindi solo quelle private). Essere ricacciati indietro alla condizione di nascita, non potere più aspirare a cambiarla, trovarsi di nuovo incatenati al destino della propria famiglia, quartiere o etnia di origine: questo è il contrario dell'ideale liberale! E non solo. (Anche) per questo, si sono aperte negli Stati Uniti voragini di infelicità, di frustrazione – soprattutto nella classe media bianca – che alimentano la crescita dei suicidi, delle dipendenze da alcol, oppiacei e farmaci (sono i «morti per disperazione» di cui parlano Deaton e Case) e che, assieme alle falle del sistema sanitario privato, hanno ridotto in maniera sensibile l'aspettativa di vita, oggi più di tre anni inferiore a quella del Canada. E che foraggiano il consenso per Trump e per un discorso populista sovversivo tale da mettere in discussione i diritti civili fin lì conquistati (come l'aborto legale) e perfino la tenuta della democrazia liberale, proprio in una sua storica patria.

Gli Stati Uniti sono forse il caso più estremo, eclatante – e importante. Ma per gli altri paesi avanzati vale un discorso simile, attenuato (come più tenui sono state in genere le politiche neoliberali). All'origine di questi problemi vi è la crescita delle disuguaglianze, che con gradi diversi ha minato la forza delle democrazie nel mondo libero. Da questo punto di vista, possiamo ben dire che il neoliberalismo ha scavato la fossa al liberalismo, all'ideale di una progressiva estensione delle libertà e dei diritti. Altro che rinvigorirlo, o inverarlo: è successo esattamente il contrario! In Occidente almeno.

E in Oriente? Nel resto del mondo? La narrazione neoliberale lasciava supporre che lì, con la prosperità, sarebbero arrivati anche la democrazia e i diritti. Ma purtroppo non è stato così – ed è il terzo fallimento. La Cina oggi non è più democratica di venti anni fa, benché sia molto più ricca e tecnologicamente avanzata: il suo regime è anzi diventato ancora più autocratico e illiberale. Un discorso analogo si può fare per la Turchia, per la Federazione russa e, in misura minore, per l'India (o per l'Iran, che però è cresciuto meno; o per la nostra Ungheria, in Europa). I paesi arabi del Golfo, Emirati in testa, hanno goduto in questi decenni di un tumultuoso sviluppo, ma i miglioramenti nelle libertà civili, dove ci sono, risultano lentissimi (e quelli nelle libertà politiche inesistenti)[20]. Più spesso si è andati indietro: in Arabia Saudita, ad esempio, nel 2022 sono state eseguite 196 condanne a morte (81 in un solo giorno), il triplo rispetto al 2021 e il numero più alto negli ultimi trent'anni. In Iran le esecuzioni sono state 576 (erano 314 nel 2021), mentre in Cina si ritiene che vi siano state nel 2022 migliaia di esecuzioni, tenute segrete. Peraltro in Arabia Saudita, in Cina, in Iran, ma anche a Singapore, e probabilmente in Vietnam, molte di queste esecuzioni sono per reati di droga, in palese violazione del diritto internazionale[21]. E questa pure non è che la punta dell'iceberg, di un autoritarismo e un'oppressione crescenti. In sintesi: nelle regioni che non hanno avuto la lenta maturazione ideale dell'Occidente, generalmente il nuovo capitalismo si è separato dal liberalismo, cioè dall'alveo in cui era nato secoli fa. Si è separato dai diritti dell'uomo.

Ci risvegliamo ora in un'alba cupa. Negli ultimi quarant'anni le disuguaglianze sono aumentate non solo in Occidente, ma in quasi tutti i paesi. E anche se quelle fra gli Stati sono diminuite, quelle fra tutti gli esseri umani invece, a livello mondiale, risultano più alte (con un'ultima, impressionante accelerazione negli anni della pandemia). Secondo la Banca mondiale, oggi le disuguaglianze globali sono vicine ai picchi dell'inizio del Novecento, all'apice dell'imperialismo europeo e alla vigilia della Prima guerra mondiale: il 10% più ricco degli abitanti detiene ormai il 76% della ricchezza mondiale, mentre la metà più povera dell'umanità ha, in totale, una ricchezza di appena il 2%[22]. Secondo la confederazione internazionale di Ong Oxfam, 81 persone, i più ricchi in assoluto, hanno la stessa ricchezza della metà più povera degli abitanti del pianeta, cioè di quattro miliardi di persone. 81 per quattro miliardi, ognuno dei supermiliardari possiede la stessa ricchezza di 50 milioni di persone: come è giustificabile una situazione del genere, secondo quali principi?[23] Come si può non vedere l'enorme squilibrio di potere, di ricchezza, di opportunità, oltre che l'enorme ingiustizia, che da qui si genera?

Ma non solo. La potenza tecnologica degli esseri umani è oggi molto maggiore, vero, ma questa potenza (delle imprese, oltre che dei governi) non è necessariamente orientata ai diritti e anzi può calpestarli, con una forza mai vista prima. Le nuove grandi società, le *big tech*, hanno già un «tecnopotere» che mette a rischio le nostre libertà fondamentali[24]. E se questo potere finisce poi in mano a Stati illiberali, come la Cina, cioè a un regime che non riconosce i diritti umani, gli esiti potrebbero essere ancora più catastrofici[25]. Guardiamo alla realtà: è un divario, un abisso, tra le vette della tecnologia e la condizione umana, che non si vedeva dalla Seconda guerra mondiale, dai tempi del nazismo. Credo che spetti alla politica, democratica e liberale, di provare a colmarlo. Bisogna battersi ovunque per i diritti dell'uomo; la prosperità, se pure c'è, da sola non basta. Altrimenti rischiamo di trovarci in un mondo distopico ancora più oppressivo di quello di prima.

Battersi per la democrazia e contro le disuguaglianze. Mettere i diritti al primo posto. Per inciso, si tratta di una strategia opposta a quella dei neoliberali. Loro, non a caso, hanno spesso preferito un governo autoritario, ma che garantisse la libertà di impresa e gli interessi delle classi più ricche, a un governo democratico, che quegli interessi mettesse (democraticamente) in discussione: fra gli anni Venti e Trenta del Novecento, Mises elogiava Mussolini e collaborava con il dittatore fascista del suo paese, Dollfuss, avallando la sua dura repressione dei socialdemocratici; ed è noto l'apprezzamento di Hayek per la dittatura di Pinochet. In fondo, sono scelte in linea con la loro impostazione, che pone in cima la libertà di impresa. Ma questo, ancor più ce ne rendiamo conto oggi, è il contrario della libertà: è (lei sì!) la via per l'oppressione.

Ora, questi tre fallimenti riguardano tutti la democrazia e il rapporto fra libertà economiche, da un lato, e libertà civili e politiche. Ce n'è però un quarto, l'ultimo, che ha tutt'altra natura e una dimensione, addirittura, apocalittica. È l'ambiente. Il capitalismo di mercato, lasciato a sé stesso, sta portando alla distruzione del pianeta: alla più grande estinzione di specie viventi dai tempi dei dinosauri, al surriscaldamento del clima che fra l'altro renderà inadatte alla vita, nei prossimi cinquant'anni, regioni dove oggi abitano due miliardi di persone. Questo almeno è quello che ci dice la ricerca scientifica, libera, al di là ormai di ogni ragionevole dubbio: sono fenomeni già in atto, che procedono a un ritmo anche più rapido di quel che si pensava e che, se non si corre ai ripari, diventeranno presto (fra pochi anni) cumulativi e irreversibili. Per la verità già mezzo secolo fa venne lanciato un allarme, all'attenzione dell'opinione pubblica mondiale: nel 1972 il Rapporto del Club di Roma *The Limits to Growth* ammoniva che, in mancanza di un serio cambiamento, intorno alla metà del nostro secolo la crisi climatica sarebbe andata fuori controllo. Oggi sappiamo che quegli scienziati avevano ragione, in linea di massima. Ma a quel tempo le loro previsioni furono sottovalutate e perfino ridicolizzate, nell'assunto che i meccanismi autoregolativi del mercato, e poco altro (qualche normativa contro i processi più inquinanti), sarebbero bastati a evitare la catastrofe; spesso, questa minimizzazione è avvenuta con il sostegno di grandi imprese che non volevano mettere in discussione i loro profitti, su tutte la British Petroleum e la Royal Dutch Shell. Beninteso, i meccanismi autoregolativi del mercato, che ci spingono a investire nell'ambiente e nelle tecnologie verdi a mano a mano che il clima per noi diventa più importante, ci sono: ma appaiono lentissimi, rispetto alla crisi ecologica in atto; largamente inadeguati anche perché controbilanciati dai fattori di segno opposto, come l'influenza delle imprese legate ai combustibili fossili[26] o il semplice aumento dei consumi, totali e pro capite. Come si fa a credere che siano sufficienti? È un ottimismo ideologico, in fondo, un'altra fede dogmatica. Ha condotto l'umanità sull'orlo dell'abisso.

Ricordiamo cosa diceva Kant? La libertà di ricercare la propria felicità deve accordarsi con la libertà di ognuno, «secondo una possibile legge universale». Questa legge universale è forse il limite ecologico (o malthusiano, all'epoca di Kant)? È il vincolo delle risorse, finite, che sovrasta e regola la libertà economica? Ma non era invece la cooperazione, il mutuo aiuto, inscritta nel nostro codice di *ultracooperative primate*, una «moralità della giustizia» che ci fa umani e che conduce alle relazioni dei diritti e dei doveri? Questo principio insomma attiene alla sfera dell'etica, o all'economia? A entrambe, forse. O forse, io credo, è soprattutto un metodo. E attiene alla politica. Ed è il principio con cui possiamo continuare a batterci per il futuro e avere speranza in un domani.

note

[1] Che poi diversi pensatori liberali fossero di estrazione aristocratica qui poco importa, in fondo; del resto, anche molte figure di riferimento del movimento socialista non erano di estrazione operaia, ma borghese o a volte aristocratica.

[2] Cfr. M.A. Manacorda, *Quel vecchio liberale di Karl Marx*, Roma, Aliberti, 2012.

[3] Va detto che anche nel movimento comunista, all'inizio, le opinioni divergevano. Nel 1918, prima che il leninismo si imponesse come la via vincente, e da lì unica, in Germania Rosa Luxemburg criticava la Rivoluzione d'ottobre soprattutto su queste basi, cioè il valore irrinunciabile della democrazia parlamentare e della libertà di opinione. Così scriveva dal carcere, nell'autunno 1918, criticando alcune scelte di Lenin e Trockij come lo scioglimento dell'Assemblea costituente: «La libertà riservata ai partigiani del governo, ai soli membri di un unico partito – siano pure numerosi quanto si vuole – non è libertà. La libertà è sempre soltanto la libertà di chi la pensa diversamente». E ancora: «Senza elezioni generali, senza libertà illimitata di stampa e di riunione, senza libera lotta di opinioni, la vita muore in ogni istituzione pubblica, diviene vita apparente ove la burocrazia rimane l'unico elemento attivo». R. Luxemburg, *Die russische Revolution. Eine kritische Würdigung* (1918), a cura e con introduzione di P. Levi, Berlin, Verlag Gesellschaft und Erziehung, 1922; trad. it. *La rivoluzione russa*, in Id., *Socialismo, democrazia, rivoluzione. Antologia 1898-1918*, con un saggio introduttivo di G. Liguori, Roma, Editori Riuniti, pp. 269-304 (pp. 297 e 299 per le citazioni). Era forse possibile un comunismo diverso, nel Novecento? Non lo sapremo mai.

[4] O del socialismo, per altri versi.

[5] Non pensiamo solo al conflitto fra il diritto di proprietà e i diritti sociali e ambientali. Durante la pandemia da Covid-19, abbiamo visto il diritto alla salute contrapporsi ai nostri più basilari diritti civili: il *lockdown* ha imposto una limitazione senza precedenti alla libertà di movimento di ciascuno di noi, in nome della salute pubblica; l'intervento dello Stato è diventato molto più invasivo nella vita delle persone, in una misura prima inimmaginabile. Alla fine, però, possiamo dire che le democrazie liberali hanno superato la prova. Tutte sono ritornate alla normalità, dopo la pandemia: nessuna si è trasformata in una dittatura. Sono stati commessi errori, certo (in un terreno inesplorato). Ma nel complesso il *lockdown* potrebbe passare alla storia come un esempio positivo, in cui il mutevole bilanciamento fra diversi diritti, in una situazione del tutto eccezionale, nelle società aperte ha funzionato; e una limitazione temporanea della libertà per cause di forza maggiore è rimasta, appunto, temporanea.

[6] Cfr. fra gli altri W. Scheidel, *The Great Leveler: Violence and the History of Inequality from the Stone Age to the Twenty-First Century*, Princeton, N.J., Princeton University Press, 2017; trad. it. *La grande livellatrice. Violenza e disuguaglianza dalla preistoria a oggi*, Bologna, Il Mulino, 2019, capp. 3 e 5.

[7] D. Rodrik, *The fatal flaw of Neoliberalism: It's bad economics*, in «The Guardian», 14 novembre 2017.

[8] E. Fawcett, *Liberalism: The Life of an Idea*, Princeton, N.J., Princeton University Press, 2014, p. 95.

[9] Nelle sue parole, rispettivamente, *Art of Living* e *art of getting on*. J.S. Mill, *Principles of Political Economy*, libro IV, cap. 6 (*Of the Stationary State*), p. 751 (7ª e ultima ed.); maiuscole nel testo originale. Liberamente disponibile al link http://bibliotecadigital.econ.uba.ar/download/Pe/181597.pdf.

[10] Per quel che riguarda «la guarigione della faida esistente fra capitale e lavoro; la trasformazione della vita umana, da un conflitto di classi che lottano per interessi opposti, ad amichevole rivalità nel perseguimento di un bene comune a tutti; l'elevazione della dignità del lavoro; un nuovo senso di sicurezza e indipendenza nella classe operaia; e la conversione dell'occupazione quotidiana di ogni essere umano in una scuola delle simpatie sociali e dell'intelligenza pratica». *Ibidem*, libro IV, cap. 7 (*On the Probable Futurity of the Labouring Classes*), pp. 789-790 (traduzione mia). Ma poi su Mill e cooperazione, si veda A. Zanotti, *John Stuart Mill e l'utopia cooperativa*, Faenza, Homeless Book, 2020.

[11] J. Diamond, *Collapse: How Societies Choose to Fail or Succeed*, New York, Viking, 2005, pp. 79-119; trad. it. *Collasso. Come le società scelgono di morire o vivere*, Torino, Einaudi, 2005, pp. 85-130.

[12] Non l'unico. Dieci anni prima, *Mind in Evolution* (New York, Macmillan, 1901) è fra i testi di riferimento della psicologia comparata.

[13] J.M. Keynes, *Am I a liberal?*, in «The Nation & Athenaeum», 1925; trad. it. *Sono un liberale? E altri scritti*, a cura di G. La Malfa, 2ª ed., Milano, Adelphi, 2011, pp. 162 e 165-166.

[14] M. Friedman, *Capitalism and Freedom: With a New Foreword by Binyamin Appelbaum* (1962), Chicago, Ill., The University of Chicago Press, 2020, p. 6; trad. it. *Capitalismo e libertà*, Torino, IBL Libri, 2016, p. 37.

[15] Con l'eccezione, per gli ordoliberali, di quell'intervento dello Stato (regolatore) che facilita e non ostacola il funzionamento del mercato. Si pensi alla normativa antitrust.

[16] Elaborazione da https://data.worldbank.org (Pil pro capite a dollari costanti Usa del 2010). Per gli anni Cinquanta, cfr. A. Maddison, *Historical Statistics of the World Economy*, Paris, Oecd, 2010.

[17] R. Lucas, *Macroeconomics priorities*, in «American Economic Review», 23, 1, 2003, pp. 1-14 (p. 1 per la citazione).

[18] M. Salvati e N. Dilmore, *Liberalismo inclusivo. Un futuro possibile per il nostro angolo di mondo*, Milano, Feltrinelli, 2021.

[19] A. Case e A. Deaton, *Deaths of Despair and the Future of Capitalism*, Princeton, N.J., Princeton University Press, 2020; trad. it. *Morti per disperazione e il futuro del capitalismo*, Bologna, Il Mulino, 2021.

[20] Cfr. E. Felice, *Dubai, l'ultima utopia*, Bologna, Il Mulino, 2020.

[21] Amnesty International, *Condanne a morte ed esecuzioni 2022. Rapporto di Amnesty International sull'uso della pena di morte nel mondo*, disponibile su https://www.amnesty.it/pena-di-morte-una-punizione-da-consegnare-alla-storia, pp. 7-8.

[22] World Bank, *World Inequality Report 2022. Summary*, pp. 10-11, disponibile su https://wir2022.wid.world/www-site/uploads/2022/01/Summary_WorldInequalityReport2022_English.pdf.

[23] Oxfam, *Survival of the Richest*, Oxfam Brief Paper, January 2023, p. 16, disponibile su https://oxfamilibrary.openrepository.com/bitstream/handle/10546/621477/bp-survival-of-the-richest-160123-en.pdf.

[24] S. Zuboff, *The Age of Surveillance Capitalism: The Fight for a Human Future at the New Frontier of Power*, London, Profile, 2019; trad. it. *Il capitalismo della sorveglianza. Il futuro dell'umanità nell'era dei nuovi poteri*, Roma, Luiss, 2019.

[25] Sulla sfida rappresentata dal modello autoritario cinese nelle tecnologie digitali, cfr. A. Bradford, *Digital Empires: The Global Battle to Regulate Technology*, Oxford, Oxford University Press, 2023.

[26] Peraltro, secondo le stime le 100 maggiori imprese legate alla produzione di combustibili fossili causano oltre i due terzi delle emissioni globali di anidride carbonica. Cfr. CDP, *The Carbon Majors Database: CDP Carbon Majors Report 2017*, disponibile su https://cdn.cdp.net/cdp-production/cms/reports/documents/000/002/327/original/Carbon-Majors-Report-2017.pdf.

4. Una società più ricca?

di A. Mingardi

> Forget your perfect offering
> There is a crack in everything
> That's how the light gets in.
>
> Leonard Cohen, *Anthem*, 1992

Chi dice umanità cerca di ingannarti, sosteneva Pierre-Joseph Proudhon. Anche chi dice: lo Stato. Sono parole che si pronunciano come fossero scritte tutte in maiuscolo. Le utilizziamo continuamente, come se con esse ci riferissimo davvero a *qualcosa*. Qualcosa che *esiste*, come esistono il libro che avete in mano, lo scaffale in cui andrete a riporlo dopo averlo sfogliato e la libreria in cui l'avete comprato.

Nessuno ha mai visto «lo Stato». A meno che, per vedere lo Stato, non s'intenda ammirare la parata del 2 giugno, le acrobazie delle Frecce tricolore, il cerimoniale preciso delle esequie di un ex presidente. In tutti questi casi, noi non vediamo «lo Stato» ma delle persone che sono «lo Stato» nel senso che lavorano per esso e lo rappresentano, indossando un'armatura di motivi simbolici.

Lo abbiamo già detto: lo Stato, a rigore, non esiste. Ma noi pronunciamo la parola come fosse scritta in maiuscolo. È la pronuncia corretta?

Una definizione che odora di classico ci ricorda che lo Stato è il monopolio della violenza legittima in un determinato territorio. Uno scienziato politico italiano la corresse: monopolio *tendenziale*, perché la violenza è talmente ubiqua nelle cose umane che non si lascia davvero monopolizzare, non importa quante divise perlustrino le strade[1]. Ci saranno sempre un padre esausto che molla una sberla al figlio, un ladro appostato nell'ombra, un disperato che si difende con una pistola.

Nelle parole di un economista francese di qualche anno più vecchio di Max Weber,

> lo Stato concreto, quello che vediamo all'opera in tutti i paesi, esibisce due caratteristiche essenziali, che possiede sempre e solo lui: il potere di imporre a tutti gli abitanti di un determinato territorio – per il tramite di metodi coercitivi – il rispetto di talune ingiunzioni dette leggi o normative amministrative; il potere di riscuotere – sempre avvalendosi di mezzi coercitivi – dagli abitanti del medesimo territorio grandi somme di denaro delle quali esso può disporre come meglio crede[2].

Il potere di estrarre risorse e quello di farsi obbedire. Lo Stato ci dice quel che possiamo e quel che non possiamo fare. Non si limita però a dircelo: quello possono farlo anche le mamme, i preti e i pochi buoni amici che a uno capiti d'incontrare. Può *costringerci* a seguire i suoi dettami, è in grado di sanzionare un comportamento sgradito come neanche la più asfissiante delle madri: è nel *business* degli ordini, non dei suggerimenti. Né molla la presa se abbiamo raggiunto il diciottesimo anno d'età. È una mamma con ambizioni d'eternità.

Anch'io predico bene e razzolo male; continuo a usare il sostantivo «Stato» come se fosse qualcosa che gode di vita propria, come se fosse altro rispetto alle persone che decidono, letteralmente, in suo nome: usando, cioè, il suo nome. È la forza dell'abitudine, ma è una pessima abitudine.

Che cosa stiamo dicendo, quando ripetiamo che lo Stato deve assolutamente offrire un certo servizio? Che questo ente anomalo riuscirà, con un procedimento alchemico, a forgiarlo dal nulla? No: stiamo asserendo che quel servizio è necessario ma le persone normali (del tipo che non leggono libri come questo) non sono abbastanza intelligenti da avvedersene da sole, ragion per cui bisogna obbligarle a finanziare, con le loro imposte, l'erogazione di quel servizio.

Quando sosteniamo che bisogna aumentare la spesa pubblica di tanti miliardi di euro, non parliamo di risorse che si generano spontaneamente. Stiamo sostenendo che il controllo su quella frazione di Pil deve essere spostato dai contribuenti, cioè da tutti coloro che finanziano coattivamente la spesa pubblica, ad altri soggetti: un ministro, una commissione speciale nominata dal Parlamento, un qualche organismo che dovrà, giorno dopo giorno, decidere come spendere quel denaro. Se possono deciderlo *loro*, non potranno deciderlo le persone che, in vario modo, disponevano di quelle risorse e che verranno tassate per sostenere quelle spese. Ma se promettere nuove spese è molto popolare, annunciare nuove tasse lo è di meno, quindi le nuove iniziative si finanziano spesso a debito. I beni e i servizi acquistati sul mercato di norma li paga chi ne fruisce. Quelli offerti «dal pubblico» vedono una permanente divaricazione tra fruitori e finanziatori. In alcuni casi, i finanziatori devono ancora nascere.

Un brillante scrittore americano del secolo scorso descriveva questo processo in termini di trasformazione di potere sociale in potere statale. «Quando lo Stato interviene per fissare i prezzi o i salari o per prescrivere vincoli alla concorrenza, virtualmente dice all'imprenditore: "tu non stai esercitando il potere sociale in maniera corretta", e pertanto propone di requisire il potere e di esercitarlo secondo quello che lui giudica il modo migliore»[3].

Il diavolo sta in quello che non è per niente un dettaglio. Siamo veramente sicuri che quelle persone che, in un certo momento, si fanno chiamare «lo Stato», siano più adatte di altre a decidere che fare di quelle risorse, come usarle in maniera corretta? Che siano più sagge, avvedute, equanimi?

Per dirlo in altri termini: togliere un euro dalle tasche di Marta, Enrico e Giovanni, per darlo a Elena, Roberto e Carlo, che si fanno chiamare «lo Stato», significa *per quel semplice motivo* farne un uso migliore?

Immaginiamo di rispondere affermativamente. Vuol dire che, magari senza ammetterlo nemmeno con noi stessi, siamo convinti di due cose. La prima è che le persone che si fanno chiamare «lo Stato» siano selezionate sulla base di una lungimiranza, di una moralità, di una intelligenza superiore rispetto ai loro simili, cioè a tutti coloro che *non* possono farsi chiamare «lo Stato». La seconda è che questi ultimi, vuoi per limitazioni loro congenite vuoi per il modo in cui sono organizzate le loro attività, non siano in grado di utilizzare i propri mezzi almeno altrettanto bene di quanto farebbero coloro che agiscono in nome e per conto dello «Stato».

Se eliminassimo la parola «Stato», dovremmo dire, con irritante franchezza, che siamo convinti che la società si divide in due parti e che una di esse è intellettualmente superiore all'altra. La tesi, che fra gli uomini di cultura gode di un certo seguito almeno dai tempi di Platone, è ardua da digerire ai tempi della società di massa. Per questo nel discorso pubblico si preferisce non parlare di «chi» mettiamo in condizione di decidere, bensì di «cosa» è necessario, urgente, imprescindibile fare, ricorrendo ai mezzi della collettività perché innanzi a sfide così grandi ogni «privato» è impotente.

Il «cosa» raramente non evoca intenzioni tanto *buone* da risultare indiscutibili: fini che giustificano qualsiasi mezzo. Combattere la povertà, garantire la sicurezza, esportare la democrazia, più di recente fronteggiare l'incipiente crisi ambientale. Con che faccia i nostri figli si lamenteranno, se abbiamo usato i loro quattrini per lasciare loro un mondo migliore?

Fino all'inizio del secolo scorso, era abbastanza chiaro che dicendo «lo Stato» non ci si riferiva a qualche animale mitologico: ma ad alcuni individui particolari, per esempio quelli a cui la sorte aveva posto una corona sulla testa. Liberale è invece chi non vuole essere né un mendicante né un principe: chi conduce la sua vita senza chiedere nulla al sovrano. I grandi liberali dell'Ottocento sfoderano la scimitarra contro l'aristocrazia: ovvero contro quelle persone che «sono» lo Stato, che in quanto tali possono disporre delle proprietà e anche della vita altrui, per esempio dichiarando una guerra. Scrive Richard Cobden, l'«apostolo del libero scambio» la cui predicazione condusse all'abolizione dei dazi sul grano in Inghilterra: «il campo di battaglia è il campo di mietitura dell'aristocrazia, bagnato con il sangue del popolo»[4].

I tempi sono cambiati. Nei paesi cosiddetti «occidentali» fino all'ultimo quarto del Novecento, e poi anche negli altri, abbiamo prodotto molta più ricchezza di quanto gli ottimisti più sfrenati dell'epoca di Cobden potessero immaginare. La spesa pubblica è, per le collettività, un po' come le vacanze per le famiglie: chi ha un reddito molto alto va in villeggiatura alle Maldive, chi ha un reddito più basso sceglie il campeggio. La crescita del prodotto interno lordo ha reso possibili Stati sempre più pesanti per una ragione molto semplice: per la prima volta nella storia, abbiamo potuto permetterceli. Il potere di estrarre risorse si esercita con meno difficoltà, se le persone hanno la pancia relativamente piena. Nell'Ottocento, un'imposta sul reddito delle persone fisiche era difficile da riscuotere e suscitava forti proteste dei tassati. Ormai la paghiamo attraverso trattenute alla fonte e, mentre può esserci dibattito sulle aliquote, in pochi mettono in discussione lo strumento.

Inoltre, grazie a un altro sottoprodotto del progresso economico, cioè la crescente sofisticazione finanziaria, abbiamo potuto più facilmente prendere a prestito soldi dalle generazioni future: così che oggi abbiamo, perlomeno nei paesi occidentali (quelli più sviluppati e considerati più credibili, quindi con più agevole accesso ai mercati finanziari), Stati persino *più* pesanti di quanto potremmo permetterci.

Intanto, le teste coronate sono divenute elementi folcloristici, sulla scena politica; per sedere in Parlamento non c'è più bisogno di avere sangue blu e tutti abbiamo il diritto di voto. Questi sviluppi, ciascuno di per sé benemerito, hanno reso più difficile ragionare sull'aritmetica delle scelte collettive: è molto meno chiaro di quanto fosse un tempo *a chi* viene preso e *a chi* viene dato. I ceti di mezzo, quando è consentito loro di avvicinarsi al potere, se ne approfittano come possono, vendendo a caro prezzo il loro consenso. «Sconsigliata ed insipiente, la borghesia riproduce i tratti, già notati nella storia, dei suoi predecessori»[5].

La tradizione liberale ha tentato di mettere ordine in questo processo. Il suo obiettivo era s-personalizzare il comando, costringere chi lo detiene ad attenersi a regole che si applichino a tutti in generale e non siano invece armi puntate contro qualcuno in particolare. Come le Costituzioni ma anche, nella nostra parte di mondo, i trattati europei. Come le regole fiscali così odiate di questi tempi. Prescrizioni che cercano di rendere più ordinato e meno automatico il trasferimento di potere dai cittadini allo Stato. Il peso di quest'ultimo non è costituito solamente da quante risorse assorbe all'anno, non è questo l'unico indicatore utile a capire che cosa esso fa, e che cosa può *farci*. Ma guardando ai valori medi in Europa, dove la spesa pubblica conta per circa la metà del prodotto, è facile capire che, se un'epoca nella quale il liberalismo influenzava le politiche c'è stata, è ormai un ricordo sbiadito.

Controllo economico, controllo politico

La società aperta è una costruzione fragile e precaria, nella quale giudizi di valore diversi e talora potenzialmente in conflitto coesistono. Con enormi difficoltà quanto meno le persone che vivono in quella società si assomigliano. È facile tollerarsi a vicenda se tutti la pensiamo allo stesso modo.

Qualche anno fa, sul Sunset Boulevard di Las Vegas, mi capitò di vedere due donne, una giovanissima e l'altra di poco più grande, che camminavano fianco a fianco. Una era una ragazza con un trucco vistoso, strizzata in un completino di pelle, preceduto da lunghi stivali con un tacco importante. A pochi centimetri da lei una suora, cappuccio sulla testa, crocefisso di legno al collo, avanzava brandendo un cartello che avrebbe dovuto impaurire i peccatori in generale e i fruitori di materiale pornografico in particolare. L'una e l'altra incarnavano preferenze diverse circa il modo di stare al mondo, visioni della vita forse inconciliabili, ma la suora non incitava la giovane ad andarsi a vestire, la ragazza non esortava la religiosa a tornarsene in convento. La società aperta è camminare sulla stessa strada, magari biasimando in cuor nostro tutto quel che non ci piace in ciò che gli altri credono, dicono e fanno, ma senza pensare di poterli obbligare a comportarsi come noi.

«Chi è senza peccato scagli la prima pietra». L'introspezione, l'esame di coscienza come lo chiamavano al catechismo, ci suggerirebbe un po' di umiltà nell'opinare sui comportamenti altrui. Solo che ci riesce difficile, perché tutta la nostra vita è produrre giudizi di valore e, senza di essi, non ci alzeremmo nemmeno dal letto la mattina.

C'è un ambito della nostra vita, del quale ciascuno ha esperienza diretta, in cui i diversi giudizi di valore delle diverse persone coesistono tranquillamente. È l'economia di mercato[6]; «è tramite lo scambio che la differenza diviene una benedizione, e non una minaccia»[7]. Esercitando la propria libertà di scegliere, le persone decidono quali beni o servizi acquistare, con i mezzi che hanno a disposizione. Per procacciarsi tali mezzi, cercano, esercitando la propria libertà di farsi scegliere, di fornire ad altri ciò che questi ultimi domandano. Le risorse sono scarse, i desideri potenzialmente infiniti.

In un mondo segnato dalla limitatezza delle risorse, a cominciare dal tempo che abbiamo a disposizione, l'economia di mercato serve a selezionare gli usi più proficui di tali risorse: cioè le loro combinazioni che tendono a soddisfare un maggior numero di consumatori. Più si «estende il mercato», ovvero più sono le persone che vi partecipano, e maggiori sono le probabilità che domande le più eccentriche trovino soddisfazione: più persone significano più desideri ma anche più teste e più braccia che vogliono «farsi scegliere» per realizzarli. L'economia di mercato è un setaccio, nelle cui maglie passano i progetti che fanno buon uso delle risorse disponibili, rispetto alla domanda delle persone. Mentre vi restano impigliate quelle idee che non rispondono a nessuna esigenza, o che vi risponderebbero ma impegnando mezzi che sarebbe più proficuo utilizzare in altro modo.

Lo sviluppo economico – credo che su questo almeno i due autori di questo libro possano trovarsi d'accordo – consiste nell'allargamento del raggio delle scelte disponibili. «La società buona è quella ove le possibilità di un individuo scelto a caso tendono a essere le maggiori possibili»[8].

Il mercato non ci propone una gerarchia di valori. Il cosiddetto «motivo del profitto», che altrimenti potremmo chiamare: la tendenza delle persone a fare qualcosa in cambio di qualcos'altro, è il sigillo della convivenza possibile fra persone che hanno giudizi di valore diversi. In libreria troviamo la Bibbia, la biografia di Aleister Crowley e i fumetti di Milo Manara (magari non sullo stesso scaffale). Oppure no. Capita che il libraio abbia le proprie preferenze e aderisca a una qualche visione generale di ciò che sarebbe bene le persone leggessero. Le librerie per fortuna sono molte e chi abbia idee diverse dalle sue può rivolgersi altrove.

La differenza fra gli scambi volontari fra le persone – che di solito chiamiamo «mercato» – e i diversi gradi di controllo pubblico sull'economia, cioè il fatto che le risorse vengono combinate secondo gli ordini di coloro che si fanno chiamare «lo Stato», risiede proprio in questo. Da una parte abbiamo la libera – e spesso volgare, sgradevole, rumorosa – coesistenza di giudizi di valore diversi. Dall'altra abbiamo necessariamente alcuni giudizi di valore che prevalgono su altri, condizionando la produzione. La società libera è pluralistica. Una società è tanto più libera quanto meno coloro che si fanno chiamare «lo Stato» impongono i propri fini a tutti gli altri.

Nel 1944, un economista austriaco che insegnava a Londra, Friedrich A. von Hayek (ma si firmava F.A. Hayek, come avrebbe fatto un inglese), pubblica un libro tanto coraggioso quanto tutt'oggi regolarmente vilipeso. *La via della schiavitù* esprime la preoccupazione di un liberale europeo che, arrivato in Inghilterra, pensava di ritrovarvi quella cultura della libertà che aveva appreso dalle pagine dei classici. Era il paese che, quando scoppiarono i moti del '48, «poté guardare alle rivoluzioni del continente come chi dalla riva contempla il mare in tempesta: con sentimento di partecipazione ma insieme di soddisfazione per sé stesso e di nobile orgoglio»[9].

Al volgere del secolo, l'Europa continentale si è gettata il liberalismo dietro le spalle. Il tentativo di s-personalizzare il comando condanna le istituzioni pubbliche a occuparsi di questioni bagatellari. Regole generali e astratte, prive di un obiettivo specifico, appaiono quanto di più inadeguato a perseguire i grandi obiettivi che, a destra come a sinistra, la politica si è persuasa di perseguire. Il Novecento politico è un'orgia di parole scritte in maiuscolo.

Il canale della Manica avrebbe dovuto proteggere l'Inghilterra da certi entusiasmi. La libertà, pensava Hayek, in Europa è una pianta gracilina, in Inghilterra è un albero ad alto fusto. Con alle spalle una solida tradizione empirista, l'inglese dovrebbe vivere nel mondo degli adulti. E «il mondo degli adulti sa bene che l'assoluto è solo un inganno, che niente di umano è grande o eterno»[10], figurarsi quando si parla di forgiare l'uomo nuovo o di compiere il destino della Nazione.

Neanche in Inghilterra era mancato chi cercasse nel sovrano «il comandante, alla volontà del quale le nostre volontà debbono sottomettersi e rassegnarsi altamente, trovando in far ciò il proprio benessere», ovvero «il più importante fra i grandi uomini»[11]. Nel paese della Rivoluzione industriale, sono forti le correnti socialiste, anche se da principio, prima che Marx ed Engels la riplasmassero, questa parola ha confini sfumati: per i più significa negoziazioni sindacali aggressive e modelli di proprietà cooperativa, cose l'una e l'altra che arricchiscono e non nuocciono a un'economia di mercato.

Come ci rammenta l'altro autore di questo libro, a un certo punto alcuni pensatori che si fanno chiamare liberali, seppur «nuovi», cominciano a pensare che per ampliare il raggio delle scelte disponibili valesse la pena «relativizzare» la difesa dei diritti di proprietà e della libertà contrattuale. Non tutti gli atti fra adulti consenzienti dovevano essere considerati ammissibili: c'erano parti più forti e più deboli. Era auspicabile che si rafforzassero anche queste ultime, che finalmente tutti potessero fare della propria vita un progetto, indipendentemente dalle condizioni in cui erano venuti al mondo.

Neppure, riflettevano, aveva senso dire che siamo necessariamente liberi nelle nostre scelte se le abbiamo compiute senza che nessuno ci puntasse la pistola alla tempia. Abbiamo scelto fra le alternative che conoscevamo, ma se ce ne fossero delle altre? Perché non usare i poteri pubblici per affrettare la velocità con cui le persone riescono ad affrancarsi dal loro destino?

Per consentire alle persone di essere *davvero* autonome nelle loro scelte, viene immaginata una serie di iniziative. L'istruzione per tutti è solo la prima. Un liberale molto pragmatico potrebbe dire: vediamo le carte. Quali sono i costi, quali sono i benefici attesi. Ci sono casi in cui tutti stanno meglio: le persone che usufruiscono dell'istruzione pubblica e gli altri che beneficiano dall'avere a che fare con persone mediamente meglio istruite. Oppure altri casi nei quali a benefici modesti corrisponde una trasformazione di potere sociale in potere statale, tale da mettere a repentaglio la tenuta della società aperta.

Ma le considerazioni apparentemente razionali in politica non mordono mai. In quegli anni, l'ottimismo è alle stelle. Il treno e la nave a vapore avevano rivoluzionato i trasporti, l'elettricità aveva illuminato le città, le leggi della termodinamica si erano moltiplicate, i fisici avevano scoperto l'infinitamente piccolo. Hayek, che nella Vienna dell'omonimo circolo aveva mangiato pane e scienza, trova in Inghilterra un'élite di entusiasti tecnofili. Per tutti costoro o quasi, se gli uomini sono finalmente riusciti ad avere la meglio sulla natura, non possono non averla anche sulla società. Sulle forze impersonali della domanda e dell'offerta, sull'economia, su tutto ciò che nel loro vivere assieme non è «programmato». Anche il governo deve diventare «scientifico».

Persino la riproduzione degli esseri umani, che era rimasta anarchica persino sotto i governi più dispotici, andava messa sotto controllo. John Carey ha scritto un piccolo capolavoro sulla ribellione degli intellettuali d'inizio secolo contro la società di massa. Il suo primo, imperdonabile, difetto è essere «troppo piena» di individui per essere autenticamente umana[12]. Un futuro vicepresidente della British Eugenics Society, nel 1926, chiedeva di mettere fine al *laissez-faire* anzitutto riproduttivo: s'imponeva ormai

> una ponderata politica nazionale circa la questione di quale volume di popolazione – se maggiore, eguale o minore dell'attuale – sia più opportuno. E, una volta stabilita questa politica, si devono fare dei passi per metterla in atto. Può venire il tempo in seguito, in cui la società nel suo complesso debba dedicare attenzione alla qualità intrinseca oltre che al semplice numero dei suoi membri futuri[13].

Il «prestigio delle scienze naturali»[14], acquisito in un secolo di straordinarie scoperte, viene utilizzato per rileggere le scienze della società come se dipendessero meramente da *tecniche* applicabili con la stessa sicurezza con cui si monta un lego seguendo le istruzioni. Il governo «scientifico» doveva superare l'imperfezione dei giudizi di valore individuali[15].

Gli uomini di scienza non si accorgono che, nella produzione, ciò che conta non è tanto «la conoscenza di leggi generali, bensì la conoscenza di fatti particolari e delle condizioni – costantemente mutevoli – del momento»[16], di cui dispone più facilmente chi opera sul campo. Al contrario, l'idea che va per la maggiore è che con una più razionale organizzazione della produzione sarebbe possibile raggiungere livelli di prosperità molto superiori. La straordinaria crescita della ricchezza degli ultimi anni era frutto dell'anarchia della produzione ma, scrive sempre Keynes ne *La fine del laissez-faire*, attenzione a non confondere un caso particolare con una teoria generale. Osservazione di buon senso solo apparente, se teniamo conto che il caso «particolare» era l'unico periodo storico con crescita economica sostenuta che si fosse mai osservato. Anziché concentrarsi su che cosa l'aveva reso possibile, il mestiere dello scienziato sociale diventa spulciare le imperfezioni.

Le economie di mercato *reali* (a differenza delle economie pianificate *ideali*) sono un campionario di imperfezioni[17]. C'è sempre qualche cialtrone che vive a sbafo di un collaboratore geniale, qualche ereditiera che non ha fatto nulla se non affidare i suoi quattrini a un abile banchiere, qualche prodotto che potrebbe essere fatto meglio o, per esempio, *plastic free*, se solo i consumatori fossero disponibili a pagarlo pochi spicci in più. A quest'oceano di brutture piccole e grandi, si contrappone un'idea di perfezione. «La pianificazione, a differenza del vagabondare senza meta, rappresenta l'inclinazione naturale di qualsiasi intelletto che miri ad uno scopo e sia formato su basi scientifiche. L'ingegneria moderna è un'ispirazione per una pianificazione su scala grandiosa»[18]. Così la pianificazione si prepara a diventare «la nuova religione politica dell'Europa»[19].

È questo il clima intellettuale con cui Hayek si confronta. Lo fa con pazienza, mettendo in guardia contro un pericolo che oggi è forse ancora più presente che allora. Si è cercato di banalizzare Hayek, per evitare di farci i conti, scrivendo che egli avrebbe profetizzato un futuro totalitario per gli Stati occidentali, fornendo alle forze antiprogressiste l'utile schema di un piano inclinato: si comincia regolando l'accesso alla professione medica, o le licenze dei taxi, e si finisce al lager.

Hayek avverte i suoi lettori che non esiste «controllo economico» che non sia anche «controllo politico». Detto altrimenti: quando si sposta sotto il controllo pubblico una certa produzione, quando lo Stato si fa «imprenditore» o comunque è messo in condizione di decidere come i fattori produttivi debbano essere combinati, non si potranno avere scelte «neutrali». L'idea di governo «scientifico» non implica alcuna neutralità. Un giudizio di valore, quello fatto proprio da una certa élite di governo, prevale necessariamente sugli altri. Del resto, ai nostri tempi, aspiranti pianificatori e regolamentatori sfoderano di volta in volta «missioni» di cui l'economia privata sarebbe incapace di farsi carico, e che pertanto esigono che si organizzino a tal fine i mezzi coercitivi.

Questi argomenti riescono plausibili perché tutti pensiamo che si possa separare il «movente economico» dagli altri motivi dell'azione umana. Le motivazioni economiche sono questioni di ordine inferiore, roba di vil danaro. Restringere la sfera di ciò che è possibile, a individui e imprese, in quell'ambito non avrebbe impatto sulla libertà «vera», quella più cara agli uomini di scienza: la libertà di parlare, di scrivere, di fare ricerca. Ma, replica Hayek, non esistono moventi «prettamente» economici. L'economia ha a che fare con i mezzi, non con i fini. Solo zio Paperone fa quattrini per nuotarci dentro. Il resto di noi, dall'ambulante al chirurgo al capitano d'azienda, cerca «di far denaro [...] perché il denaro ci offre la più ampia scelta nel godimento dei frutti dei nostri sforzi»[20]. Se vogliamo arricchirci è per comprare una casa più grande, per avere un'automobile più bella, magari per risparmiare qualche euro e guardare al futuro con meno preoccupazioni.

Il protagonista di *Rock 'n' Roll* di Tom Stoppard, pièce ispirata alla vicenda dei Plastic People, la band boema che divenne la colonna sonora della Rivoluzione di velluto, è ebreo e quindi da bambino, durante la Seconda guerra mondiale, da Praga scappa con la famiglia in Inghilterra. Torna in patria nel '49. Un giorno si presenta alla sua scuola, a Praga, un uomo con una gamba sola, che aspetta fuori dall'aula per salutare l'insegnante. Questi spiega ai ragazzi che il suo amico aveva subito la mutilazione in guerra e «così era stato autorizzato, in via del tutto eccezionale, ad andare a vivere vicino alla sorella, da qualche parte del nord della Boemia». Vedete come il comunismo si prende cura dei suoi eroi?, ammicca. Il giovanissimo Jan alza la mano. Convinto di raccontare qualcosa d'interessante, non di fare politica, spiega che in Inghilterra, dove ha vissuto, chiunque poteva andare a vivere dove voleva, anche se aveva ancora entrambe le gambe. «Come reagirono gli altri ragazzini della classe. Pensavano che mi stessi inventando delle storie, come certi racconti di viaggi in terre lontane. Non riuscivano ad afferrare l'idea che esistesse un paese dove qualcuno, chiunque, potesse decidere di trasferirsi in un'altra città e semplicemente andarci»[21]. Non c'è l'economia da una parte e la vita dall'altra. Stabilire apertamente («pianificando» un intero distretto o provincia) o indirettamente (attraverso iniziative più sottili ma non meno incisive) che cosa, dove e come può essere prodotto è un altro modo di dirci come dobbiamo vivere. Il modo in cui usiamo la nostra libertà di farci scegliere è una buona approssimazione di ciò che vorremmo *essere*, il modo in cui impieghiamo la nostra libertà di scelta ci aiuta ad avvicinarci a ciò che vorremmo *avere*.

La risposta più comune è che né l'una né l'altra sarebbero «libertà», perché a lavorare (a farci scegliere) siamo obbligati dal dover portare il pane in tavola e per quel che riguarda le nostre spese, con alcune fortunate e rare eccezioni, dobbiamo soggiacere a un vincolo di bilancio. A ciò corrisponde l'idea che si sia tanto più «liberi» quanto più si è «ricchi». La libertà capitalistica sarebbe pertanto la libertà dei capitalisti: nel senso di Henry Ford, Bill Gates, Jeff Bezos, Elon Musk, eccetera. *Vanitas vanitatum*.

Più che un attacco al liberalismo, questa è una critica alla condizione umana. Siamo diversi ma siamo tutti mortali, limitati nelle cose che possiamo fare anzitutto dal tempo che abbiamo a disposizione, «gettati» nel mondo chi in una famiglia povera chi in una famiglia ricca, qualcuno in Italia e qualcun altro nella Striscia di Gaza.

Nella faretra del buon liberale ci sono molte frecce, ma non la promessa del paradiso in terra (sul dopo, il liberale in quanto liberale non si pronuncia, che ci creda o meno sono solo fatti suoi). L'economia di mercato non trasforma noi tutti in dei superricchi, ma ci ha reso decisamente tutti più ricchi. Questo essere più ricchi non è la premessa, ma la conseguenza del nostro essere più liberi. In una economia di mercato possiamo provare a trovare un'occupazione la più affine a quelle che sentiamo essere le nostre attitudini. In pochi riescono a fare esattamente quello che vogliono, ma sempre più persone riescono a fare qualcosa che assomiglia a quello che vorrebbero. In un'economia di mercato possiamo sempre divorziare da un certo fornitore, quando non ci piace più. Possiamo cambiare ristorante per il pranzo domenicale, provider della banda larga, dentista e parrucchiere quando lo desideriamo. Proprio per questo, pur con i limiti del caso (le imprese telefoniche hanno bisogno di capitale, i professionisti del capitale umano che si accumula con gli studi e la pratica), ognuno può provare a offrirsi agli altri, per soddisfare le esigenze di questi ultimi.

Non sono solo scarse le nostre abilità e i nostri redditi: scarse sono anzitutto le risorse che vanno combinate per produrre beni e servizi. In un'economia di mercato la funzione di coordinamento, per cui si decide quale uso fare di una certa cosa rispetto alle alternative disponibili, è assicurata dal sistema dei prezzi. I prezzi non sono «tariffe» determinate da qualcuno: cambiano di giorno in giorno, in alcuni casi di ora in ora, a seconda delle valutazioni degli attori coinvolti. «Sovrani» sono questi ultimi. Ciascuno, in un'economia di mercato, agisce sulla base dei *propri* giudizi di valore. Il mercato è il modello della società aperta e quest'ultima è più o meno aperta a seconda di quanto vi assomiglia: di quanto, cioè, garantisce l'esercizio della propria libertà di scelta a tutti, senza che ciò vada a ledere quella di altri.

La pianificazione economica, ieri, e forme più o meno velate di controllo economico, oggi, mirano sostanzialmente a sostituire *un* giudizio di valore, quello del decisore politico, a quel mosaico multicolore e spesso incoerente che sortisce dal fatto che ciascuno agisce sulla base dei propri intendimenti. Lo Stato pianificatore, che Hayek prese come obiettivo polemico, è un supermonopolista, che riconduce a sé tutte le produzioni nella certezza di essere nella posizione giusta per decidere come meglio vadano sistemate le risorse scarse, per massimizzare l'obiettivo del benessere sociale.

Oggi i fautori dell'intervento pubblico non amano parlare di «pianificazione» ma di solito propongono un qualche mix di interventi volti a riorientare la produzione sulla base di motivi extraeconomici. Ovvero, a rendere meno efficiente (più costosa) la realizzazione di beni e servizi, rispetto al modo in cui attualmente le imprese private la conducono, sulla base di un obiettivo estraneo alla logica strettamente economica.

Spiegava Hayek:

> La questione sollevata dalla pianificazione economica non consiste [...] semplicemente nel sapere se saremo in grado di soddisfare, nel modo da noi preferito, quelli che noi consideriamo come i nostri bisogni più o meno importanti. Consiste nel vedere se saremo noi a decidere quello che per noi è più o meno importante, o se questo debba venir deciso dal pianificatore[22].

Qualcuno replicherà di non avvertire limiti alla propria libertà di scelta, perché pochi sono i beni di consumo espressamente vietati (le sostanze stupefacenti, per esempio) e così i servizi. Se i governi avessero bisogno di proibire espressamente un certo numero di beni o servizi per condizionare le nostre scelte, il mondo sarebbe un luogo più semplice, e con tutta probabilità migliore. Ma nel momento in cui essi «orientano» la produzione, ottengono lo stesso risultato.

Il semplice fatto di sottoporre una decisione al controllo statale implica la possibilità di un giudizio «politico»: di una penalizzazione discrezionale di Tizio o di Caio. C'è grande consenso sul fatto che i governi debbano in qualche modo sorvegliare e regolare l'attività bancaria e finanziaria. Molte volte, queste iniziative si svolgono sulla base di assunti, giusti o sbagliati, che vorrebbero non essere discriminatori. Non sempre, però, governi che controllano banche e mercati finanziari possono decidere che gli avversari politici non debbano avervi accesso: l'ha fatto il democratico Canada, non la Cina comunista, bloccando i conti bancari di chi aveva finanziato le proteste dei camionisti antivaccinisti. In altri casi queste decisioni possono essere semplicemente fondate su informazioni parziali e ben al di sotto del grado di conoscenza necessario a entrare nel merito dei processi produttivi: pensate a come il governo italiano provò, durante i *lockdown*, a distinguere fra attività «essenziali» e no. Alla fine si optò per un sistema di autocertificazione delle imprese, perché venne fuori che molte attività non essenziali in realtà erano necessarie a che si svolgessero quelle essenziali.

Vincolando la produzione, decidendo per esempio che è illegale rifornirsi dalle imprese di un paese «nemico», o che l'attività produttiva può avvenire soltanto in ambienti con certe caratteristiche, o ancora che solo determinate materie prime possono essere usate per certi fini, o di nuovo che alcune tecnologie sono ammesse e altre no (tutte cose che oggi chiamiamo «politica industriale»), la politica riduce la libertà di scelta delle persone. Non soltanto la libertà dei «produttori» ma anche quella di chi ne domanda i prodotti. Le catene della cooperazione sono più intrecciate di quanto sembri. Non ho bisogno di proibire quel particolare tipo di snack, se rendo illegale l'utilizzo di alcuni ingredienti. Chi governa l'offerta, governa la domanda.

Tutti più uguali o tutti più ricchi?

Qualcuno nasce più alto, qualcun altro più magro, qualcuno più intelligente. È probabile che Franz Schubert abbia scritto il quintetto per pianoforte *La trota*, un capolavoro senza tempo, in una frazione del tempo di quello che prende a me la stesura di questo capitolo. Più chiaro di così, che siamo tutti diversi…

Provare a correggere le disuguaglianze sociali, sostengono alcuni (di solito, persone che tendono a concordare con le tesi di queste pagine), sarebbe inutile. Esse sono destinate a ripresentarsi, perché imitano le differenze naturali: i grandi sportivi, i grandi personaggi dello spettacolo, supermodelle e supermodelli, grandi medici e perfino grandi scrittori trarrebbero la loro fortuna dal saper valorizzare ciò che sta scritto nel loro Dna[23]. Attenzione: non è detto che la «lotteria naturale» sia proprio una lotteria; siamo davvero certi che non serva alzarsi sulle punte dei piedi, per farsi baciare dalla fortuna?

Coloro che difendono la visione opposta tendono a sottolineare come le differenze innate siano moralmente arbitrarie, frutto in buona sostanza del caso. Nessuno è proprietario dei propri talenti. Inoltre, il diverso mix di abilità di ciascuno di noi viene enormemente amplificato dalla società: venire al mondo in una famiglia ricca implica vantaggi ben superiori al venire al mondo particolarmente intelligente, o particolarmente bello. Le disuguaglianze sono essenzialmente sociali, e per questo vanno corrette quando possibile: la ricchezza delle famiglie ha il vantaggio di poter essere «redistribuita», basta trasformare il «potere sociale» in potere statale. Con l'intelligenza o la bellezza, per ora almeno, è più difficile.

Adam Smith era convinto che «la differenza tra i caratteri più dissimili, per esempio, tra un filosofo e un facchino, sembra sia imputabile non tanto alla natura quanto all'abitudine, al costume e all'educazione»[24]. Se la «differenza dei talenti» si rendeva percepibile e aumentava «gradualmente fino al punto che la vanità del filosofo preferisce ignorare qualsiasi somiglianza», era in virtù della specializzazione. Gli esseri umani nascono simili ed è la società che li rende diversi. Vivere assieme significa scambiare gli uni con gli altri e proprio gli scambi diventano occasioni per specializzarsi, per fare cose diverse da quelle che fanno gli altri e che per questo gli altri potrebbero desiderare.

Questo fenomeno diventa tanto più rilevante quanto più articolata e complessa si fa la divisione del lavoro. Il tipo di talento che oggi arricchisce l'analista finanziario o lo sviluppatore di software non aveva occasione di essere coltivato, in società nelle quali il circuito degli scambi era ristretto e coinvolgeva di norma manufatti molto semplici. La voce di John Lennon o Paul McCartney gli sarebbe giusto servita a cantare nel coro della parrocchia, prima della radio e del vinile. Come scrissero tirando le somme del loro titanico sforzo di racconto e divulgazione Will e Ariel Durant, «la diseguaglianza non è solo naturale e innata, ma aumenta con la complessità della civiltà [...] Lo sviluppo economico specializza le funzioni, differenzia le capacità e rende ineguale il valore degli uomini per il loro gruppo»[25]. Le stesse scienze biologiche ci suggeriscono che «natura-educazione» sia una falsa dicotomia: i nostri geni sono «selezionati» sulla base delle caratteristiche ambientali[26].

C'è dunque una posizione intermedia fra le due presentate poc'anzi: le disuguaglianze sono essenzialmente sociali, e per questo tendenzialmente *non* vanno corrette.

A certe altitudini filosofiche un po' vengono le vertigini e un po' manca il fiato. Proviamo a guardare la questione da un'altra prospettiva. Le differenze, di reddito e poi di ricchezza, fra gli individui hanno poco a che fare con questioni di «giustizia».

La proprietà di una certa risorsa, definita in termini apparentemente oggettivi, dice poco o nulla. Il valore di un grande fondo coltivato a vite non viene dagli ettari, ma dall'eventuale domanda per il vino che produce: che a sua volta dipende dalle tecnologie impiegate, dal gusto delle persone, dalle alternative disponibili.

La differenza degli averi con cui veniamo al mondo di per sé non garantisce granché. Inoltre, la ricchezza, per non deperire, deve essere alimentata con flussi di reddito. Se essa stessa produce reddito, vuol dire che ha trovato impieghi produttivi. Questo significa che ha finanziato altre iniziative, imprese, prodotti. Ogni anno Oxfam pubblica uno studio, peraltro più volte criticato nel metodo[27], per cui un'ottantina di miliardari deterrebbero la stessa ricchezza di quattro miliardi di persone. Il titolo a effetto è assicurato, ma c'è poco da scandalizzarsi. A meno che non sia il bottino di una rapina, quando la ricchezza aumenta è perché è stata proficuamente investita. Cioè è stata usata per anticipare quanto necessario per acquisire materiali e risorse per la produzione, per pagare stipendi, eccetera. Al pari del nostro capitale umano, la ricchezza non cresce da sola: bisogna farne qualcosa.

Il prezzo, per dirlo con il nitore della prosa di Alessandro Manzoni, risulta «dalla proporzione tra il bisogno e la quantità»[28]. La quantità è un fattore *oggettivo*: le risorse sono scarse. Il bisogno invece è *soggettivo*: è diverso in tempi e in luoghi diversi, così come pure a seconda delle persone. Questo vale per i beni così come per il lavoro umano. Le persone non vengono remunerate né sulla base del loro «bisogno» né tantomeno sulla base del loro «merito»: ma di come viene percepita la necessità e l'importanza di ciò che essi hanno da offrire, in un certo contesto.

Nel *Pluto* di Aristofane, Cremilo, povero e onesto, vorrebbe ridare la vista al dio Pluto che, essendo cieco, distribuisce la ricchezza in parti ineguali, spesso più agli ingiusti che ai giusti. A un certo punto incontra la Povertà, che è in realtà la Scarsità di risorse, la quale si ribella al suo disegno. «Se Pluto riacquistasse la vista e si distribuisse ugualmente fra tutti, gli uomini non eserciterebbero più né arti né mestieri. [...] Nessuno lavorerebbe più la terra con l'aratro, né raccoglierebbe i frutti di Demetra, quando fosse possibile vivere oziosamente, infischiandosene di tutto»[29]. Il desiderio dispone gli uomini a essere ambiziosi, la scarsità li costringe a essere operosi.

Il modo in cui la società ci premia dipende *anche* dal caso. Al mondo c'è Paperino, c'è Paperone e c'è Gastone: chi pensa che lavorare duro non avrà mai ucciso nessuno ma non è il caso di rischiare, chi si sveglia all'alba tutti i giorni ed è pronto ad attraversare il mondo dalla Scozia al Klondike in cerca di fortuna, e chi si trova al momento giusto nel posto giusto. Mentre per Gastone ciò di solito significa inciampare sul biglietto vincente della lotteria quando cammina nel parco, nel mondo reale la fortuna premia chi dispone di una risorsa la quale, per diversi motivi, è più richiesta in un certo momento di quanto non lo fosse in passato. Dal detentore dei diritti intellettuali di una vecchia canzone che riprende quota perché entra nella colonna sonora di un nuovo film al possessore di una miniera di un metallo all'improvviso diventato utile per qualche nuova produzione. Ma pensiamo anche agli studi sull'Rna messaggero di Katalin Karikò e Drew Weissman che portarono a procedure brevettate dai ricercatori e dalla Università di Pennsylvania. Secondo il criterio del *Bayh-Dole Act*, ne fu concessa la licenza non esclusiva alle aziende farmaceutiche che svilupparono i vaccini contro il Covid-19. Trovandosi ad avere la tecnologia giusta nel momento giusto, questi attori ne trassero grandissimi guadagni. Per fortuna.

Non solo quindi i premi sono in parte determinati dal caso, ma è *importante* che siano in parte determinati dal caso. La vita economica è fatta di continui adattamenti a un ambiente che è a sua volta in perenne evoluzione: che i prezzi cambino, e così i prezzi delle azioni o il valore dei salari, è ciò che ci consente di provare a tenere il passo.

Secondo Hayek, in questo fatto risiede una delle ragioni cruciali per cui le persone non amano l'economia di mercato – e tutti pensano di volerla correggere (che è quello che poi veramente si vuol fare quando si parla di limitare le disuguaglianze). Nel suo ultimo libro, *La presunzione fatale*, che a differenza de *La via della schiavitù* scrisse non per colleghi studiosi ma per un pubblico più vasto, il pensatore austriaco sottolinea a più riprese come un'economia di mercato ci riesca incomprensibile da inquadrare, alla luce di istinti ormai innati, che sono l'esito della lunga permanenza in quello che anche noi abbiamo chiamato l'«ambiente dell'adattamento evolutivo».

Con quest'espressione ci si riferisce al complesso delle condizioni dominanti (ora più ora meno) nel lungo periodo che precede il neolitico, quando i nostri antenati vivevano in piccoli gruppi, erano nomadi e circondati da costanti pericoli. Lì, quando la sopravvivenza dei gruppi umani è costantemente a rischio, emergono leadership forti che «distribuiscono» premi e punizioni sulla base dei criteri che sembrano più assennati per la sopravvivenza del gruppo.

Anche nella storia umana propriamente detta, quando ormai vivevamo in città e per qualche tempo addirittura sotto imperi che abbracciavano interi continenti, noi non avevamo l'esperienza della crescita economica. Quest'ultima, cioè scambi che aumentano di anno in anno, assieme ai beni e servizi disponibili, risale in buona sostanza all'Ottocento. Prima di allora, la crescita zero era la norma. Ogni tanto si produceva un po' di più, ogni tanto la popolazione aumentava, ma regolarmente guerre e carestie ci riportavano al punto di partenza.

Che la ricchezza debba essere «distribuita» ci appare intuitivamente sensato, perché non siamo abituati a pensare che essa possa venire *creata*. Questa posizione è quella di gran lunga più intimamente comprensibile alle persone e riaffiora continuamente nel dibattito politico. Quando un ministro sostiene che bisogna ridurre l'età pensionabile, affinché i giovani possano trovare lavoro, pensa alla quantità di lavoro come se fosse fissa. Ciò dovrebbe risultare un po' sospetto, soprattutto a coloro che sono più coinvolti: un ragazzo che entra nel mercato del lavoro spesso tutto desidera tranne che lo stesso impiego dell'adulto che è appena andato in pensione. Eppure, di solito il ministro in questione raccoglie consenso.

In un'economia di mercato *redistribuiamo* ricchezza di continuo. Cambiando le circostanze, gli impieghi più proficui del capitale mutano anch'essi costantemente. Esso deve in qualche misura venire «ricomposto»: spostato da alcuni impieghi ad altri. Pensare che in questo processo le dotazioni di capitale si mantengano inalterate, che le risorse non passino mai di mano, è un po' curioso. L'uomo più ricco del mondo non è mai lo stesso tutti gli anni e i rovesci delle fortune delle grandi famiglie, dai Buddenbrook in poi, fanno parte della storia quanto l'accumulazione di straordinari patrimoni.

Un film come *Air*, di Ben Affleck, ci ha fatto appassionare alle vicende delle Air Jordan, le scarpe della Nike create per Michael Jordan e trasformate dal suo nome in oggetti di culto. A fare la differenza sono le negoziazioni della famiglia Jordan per ottenere una royalty su ogni scarpa venduta, e non solo una somma forfettaria. Jordan è un caso di talento naturale che conquista uno straordinario apprezzamento sociale. Ma l'accordo fra lui e la Nike porta anche a un diverso equilibrio nella distribuzione dei profitti fra azienda di articoli sportivi e atleta-simbolo. O, se volete, fra manager e azionisti, presumibilmente bianchi e ben pasciuti, e un ragazzo di colore di natali modesti.

In un'economia di mercato, inoltre, si *crea* ricchezza. Un libro (persino questo) vale di più del totale della carta su cui è stampato, dell'inchiostro utilizzato, dei costi di trasporto che la sua produzione richiede. Un piatto di pasta al ristorante vale di più di uova, farina, acqua, olio e condimenti vari. Questo «di più» nasce fra le tempie degli esseri umani: quelli che aggiungono a materia inerte la propria creatività, quelli che apprezzano l'esito di questo processo. Da che mondo è mondo un piatto di minestra è sempre stato valutato di più della somma dei suoi ingredienti, ma negli ultimi duecentocinquant'anni è avvenuto qualcosa di totalmente diverso. Idee e invenzioni, anch'esse parte della nostra storia dall'alba dei tempi, si sono trasformate a gran velocità in strumenti per aggiungere valore alla vita delle persone. Nuovi beni e servizi, ma anche metodi produttivi mai sperimentati prima, sono l'essenza dell'economia capitalistica. Le persone – persone normali, come voi e me, senza ruoli politici o coccarde al bavero della giacca – cominciarono a fare cose che prima non facevano: a produrre beni e servizi nuovi, in quantità assai superiori che in passato. Lo fecero mobilitando nuove idee e conoscenze, ma anche perché diversamente *motivati* rispetto al passato. Vedevano che i loro sforzi, nei lavori artigianali e commerciali, venivano finalmente apprezzati dal resto della società. Un nuovo prodotto era accolto con curiosità, e non come una bizzarria. Appena poterono, cominciarono a innovare su larga scala, realizzando beni e servizi per un numero sempre più ampio di persone, a sua volta reso possibile dalle migliori condizioni di vita. Questo processo ha a che fare con la forza delle idee liberali. Tant'è che a est e a sud della Gran Bretagna e dell'Olanda, dove più salda rimase la presa dei sovrani sull'economia, la macchina dell'innovazione di massa si mise in moto molto più tardi.

Il capitalismo è «essenzialmente la produzione di massa volta a soddisfare i bisogni delle masse»[30]. Non abbiamo mai cucinato tanti piatti di pasta, perché farlo non è mai stato così facile come ora. Per inciso: ogni giorno miliardi di persone cucinano e mangiano, alcuni (per fortuna) persino tre pasti al giorno, senza che nessun ministero si assicuri che non debba mancare loro il pane. Com'è possibile: riusciamo a sfamarci senza che ce lo ordini nessuno?

Creare ricchezza dovrebbe essere la priorità in un mondo che ha raggiunto gli otto miliardi di abitanti, dei quali per fortuna «solo» il 10% (contro il 40% di trent'anni fa, quand'eravamo tre miliardi in meno) vive al di sotto della soglia di povertà, ma sarebbe auspicabile che quella percentuale continuasse a diminuire.

Se ciò è avvenuto, è anche perché i capitali del mondo «sviluppato» hanno potuto trovare impieghi, e dunque generare ritorni, in quei paesi che sviluppati non erano ancora. Negli scorsi trent'anni investimenti finanziari senza precedenti hanno interessato i paesi emergenti, che si sono dotati di molto più capitale fisico di quanto ne avessero in passato.

In questo processo secondo alcuni le disuguaglianze si sono allargate a dismisura, soprattutto all'interno degli Stati Uniti. La libertà del capitale di trovare gli impieghi che preferisce farebbe sì che il suo tasso di rendimento cresca a tassi sempre superiori a quelli dell'economia. Negli ultimi anni hanno fatto molto rumore i lavori di Thomas Piketty e del suo team di ricerca. L'opinione pubblica tende a prenderli per oro colato, perché ci riesce *istintivamente* plausibile che il patrimonio di Jeff Bezos, Bernard Arnault o Giovanni Ferrero sia un tale affronto alla miseria, che non può che rivelare una società malata.

In realtà sono ricerche controverse e intensamente dibattute. Piketty non considera il capitale umano[31] e non prende in esame né le disuguaglianze rispetto ai consumi (non conta forse di più quanto possiamo consumare, rispetto al numero in fondo alla nostra busta paga?) né le disuguaglianze a livello internazionale. Rispetto al suo «caso studio» più rilevante, cioè gli Stati Uniti, indagini recenti hanno evidenziato come diverse stime dell'andamento dei redditi reali (che non si riduce alle dichiarazioni annuali) portano a conclusioni molto diverse: secondo due economisti esperti di dichiarazioni fiscali, per esempio, le disuguaglianze di reddito negli Stati Uniti non si sono allargate dagli anni Sessanta a oggi[32].

Senza Stato, niente progresso?

Sono le persone che innovano che immaginano nuove combinazioni di ingredienti e inventano sistemi per produrre penne e spaghetti più velocemente. Sono loro che pensano, ricercano, aggiustano, riflettono, immaginano, creano, producono. Non l'agenzia, l'ufficio, la fabbrica, l'azienda, il mercato, il settore privato, il settore pubblico. Lo «Stato» e il «mercato» sono parole che rimandano a cornici, a impalcature di incentivi, in cui le persone operano, a favore o contro l'innovazione, per favorire il miglioramento o lo spreco, per accrescere o depredare.

Negli ultimi anni alcuni autori hanno investito molto in un nuovo *storytelling*. In precedenza era opinione comune, anche «a sinistra» per così dire, che l'economia di mercato producesse ricchezza ma avesse il difetto di farlo in modo iniquo. Le si riconosceva, più o meno di buon grado, la capacità di innovare, di produrre a ritmo continuo nuovi beni e servizi. Peccato che tutto ciò riempia le tasche ai capitalisti.

Nel 1946, Franco Modigliani è un giovane economista, per fortuna riparato negli Stati Uniti nel 1939. Sta meditando se tornare nell'Italia «liberata». È di sinistra, e per lui sarebbe interessante farlo se ci fosse la possibilità di partecipare alla costruzione di una nuova economia pianificata. Per questo, riflette sul tema. La sua preferenza è netta ma deve ammettere che «in un sistema capitalista appaiono annualmente centinaia di articoli nuovi, mentre i vecchi prodotti subiscono continue variazioni di qualità, disegno e presentazione [...]. La prospettiva di larghi profitti ed il pericolo di eventuali perdite costituisce infatti, senza dubbio, un meccanismo estremamente efficiente per indurre gli imprenditori ad essere aperti a nuove idee e pur cauti nell'introdurle»[33]. L'economia di mercato è imperfetta, ma ha il vantaggio di produrre novità.

Il lento ma inesorabile riconoscimento di questo fatto ha attraversato la storia politica del secondo Novecento. Prendiamo l'Inghilterra. Dopo la Seconda guerra mondiale, il paese si muove nella direzione di un crescente passaggio di potere dalla società alla politica. È un po' esagerato metterla in questi termini, ma ai contemporanei sembra il giusto riconoscimento dello sforzo delle classi più umili, durante la guerra. Gli interessi di queste ultime sono fatti coincidere con le prese di posizione del movimento operaio, ormai identificatosi col partito laburista. Che non nega lo straordinario miglioramento delle condizioni di vita avvenuto a partire dalla Rivoluzione industriale ma pensa si possa fare di più. Il paradiso è a portata di mano, con gli strumenti giusti.

Nello *storytelling* che oggi va per la maggiore è di moda considerare quegli anni una sorta di età dell'oro. E tuttavia i tassi di crescita dell'economia britannica sono inferiori rispetto a quelli di altri paesi (inclusi i due perdenti della Seconda guerra mondiale, Germania e Italia), i Beatles lamentano le esosità dell'amministrazione fiscale, nel paese serpeggia un senso di declino. Conservatori e laburisti si alternano al potere per un trentennio senza grosse differenze programmatiche: si parlava di «Butskellism» (una crasi fra i cognomi di Hugh Gaitskell, cancelliere dello scacchiere con Attlee, e Reb Butler, suo successore sotto Churchill), per sottolineare la sostanziale continuità della politica economica. I conservatori governano dal 1951 al 1964. L'aliquota più alta dell'imposta sul reddito era arrivata, durante la guerra, al 99%. Negli anni Cinquanta e Sessanta venne ridotta, stabilizzandosi attorno al 90%. La rivoluzione keynesiana e la nascita della macroeconomia consegnano alla politica gli strumenti per fare la messa a punto di fino (il *fine tuning*) del ciclo economico: l'esito è una serie di *stop and go*, frenate e partenze, che finiscono per accompagnare e non prevenire (con buona pace delle intenzioni) le fasi del ciclo. Philip Larkin sospira: «l'anno prossimo vivremo in un paese / che ha riportato a casa i suoi soldati per mancanza di denaro»[34].

Nel paese la presa dei sindacati è sempre più forte: è di lì che passa la «politica dei redditi», ovvero una serie di aumenti programmati (e spesso poi disattesi) del salario decisi politicamente, per far fronte all'inflazione. Quanto più si fa sentire l'inflazione, tanto maggiore è l'incentivo a cercare protezione all'ombra delle *trade union*. Ma queste sono anche gli azionisti di maggioranza (nel vero senso del termine) del partito laburista, il quale, quando è al governo, nomina i manager delle imprese nazionalizzate. Lo stesso Harold Wilson, a fine anni Sessanta, prova a mettere la mordacchia ai sindacati, senza successo. La grande creazione dei governi laburisti, il *welfare State*, diventa presto un totem nel discorso pubblico, ma già nel 1963 un sondaggio segnala come la metà degli intervistati sia contraria a metterci più risorse[35]. Allora come ora, le persone da una parte apprezzano le promesse di copertura *universale* dei sistemi di welfare, dall'altra si trovano, giorno dopo giorno, ad affrontarne le inefficienze. Fioccano gli scioperi: nel 1968 si perdono qualcosa come 4,7 milioni di giornate di lavoro[36]. Il declino accelera negli anni Settanta, «il decennio peggiore per gli investitori dagli anni Dieci, con ritorni reali negativi sia sul capitale che sulle obbligazioni». Di nuovo, sia i conservatori (Heath) che i laburisti (Callaghan) rispondono alla crisi con nuovi stimoli fiscali da una parte e nuovi controlli dall'altra. I sindacati reagiscono e i consumatori protestano quando l'inflazione arriva a sfiorare il 25%[37]. Spiace per chi vede una maggiore redistribuzione come la necessaria contropartita della pace sociale: all'epoca d'oro della redistribuzione di pace sociale ce n'era pochina.

Non è dunque per un destino beffardo se a un certo punto comincia a brillare la stella di Margaret Thatcher, che si propone di scuotere l'Inghilterra in declino restituendo alla società un po' di potere e sottraendolo allo Stato. Gli effetti aggregati sono limitati: la lady di ferro lascerà una spesa pubblica di pochi punti di Pil inferiore a quella che aveva trovato. Ma ciò che riesce a fare, riportando nell'orbita del privato interi settori industriali, è sufficiente a dare nuova spinta al paese. Che restituire spazio al mercato fosse utile a produrre più ricchezza, poi eventualmente da redistribuire, negli anni Novanta era il pensiero comune della sinistra socialdemocratica di Tony Blair e Bill Clinton. Grosso modo due «fascisti», per la sinistra del secondo decennio degli anni Duemila.

In molti oggi suggeriscono che il settore privato fosse già all'epoca sostanzialmente parassitario: che vivesse sulle grandi innovazioni realizzate dal pubblico, prima con la Seconda guerra mondiale e poi con investimenti nella difesa dovuti alla Guerra fredda. Gli imprenditori farebbero poco più che rimpacchettare invenzioni e scoperte che discendono da corposi investimenti pubblici.

Siccome gli Stati Uniti sono stati a lungo un paese più liberale e meno interventista di altri, negli scorsi anni un certo movimento di pensiero (idealmente capeggiato da Mariana Mazzucato, senz'altro fra gli economisti che più hanno inciso sulle politiche dell'ultimo decennio) ha insistito su come anche lì, in realtà, fosse l'investimento pubblico in ricerca ad avere poi prodotto applicazioni private. Dal momento che negli Usa l'investimento pubblico in ricerca era pressoché zero prima della Seconda guerra mondiale, tutto sarebbe cominciato allora. La guerra non è bella anche se fa male, ma almeno drena risorse che rimettono in carreggiata l'economia.

L'impatto della guerra «sulla disponibilità di forza lavoro nell'immediato dopoguerra fu chiaramente negativo (grosso modo 407.000 maschi, per lo più nel pieno vigore delle forze, non rientrarono in patria; altri 671.000 rimasero feriti)» per gli Stati Uniti. Al contrario, la loro lontananza dai teatri bellici preservò il capitale fisico da danni rilevanti[38]. La questione allora diventa quale sia stato l'effetto netto della guerra, se essa si è accompagnata alla creazione di nuove tecnologie, che poi hanno spinto lo sviluppo in tempo di pace.

Fra gli esempi che si fanno comunemente, il radar, l'energia atomica, i computer, il napalm, lo sviluppo di atebrina e clorochina (farmaci antimalarici) e la produzione di massa della penicillina. Tutto questo lo dovremmo, indirettamente, all'attacco giapponese a Pearl Harbor.

In più, l'ingresso in guerra per gli Usa ha coinciso con la fine della Grande depressione. Dunque dev'essere stato una meraviglia, sotto il profilo economico. Fiumi di denaro pubblico, per giunta canalizzati, come piace alle Confindustrie di tutto il mondo, nelle imprese. Ma un importante storico dell'economia, che pure condivide l'impianto macroeconomico keynesiano, ci rammenta che «un aumento del prodotto derivante dalla riduzione del divario [tra prodotto potenziale ed effettivo], causato a sua volta dalla domanda aggregata dovrebbe essere tenuto distinto da un aumento del prodotto causato dall'aumento del potenziale di un'economia. Realizzare il potenziale economico di un paese non è la stessa cosa di aumentarlo»[39]. In altre parole, l'entrata in guerra consente agli Stati Uniti di attivare risorse che, nella Depressione, erano rimaste inerti e di aumentare i livelli di occupazione, ma non necessariamente di aumentare la velocità di crociera dell'economia.

Uno studioso che si è molto occupato di questo tema sostiene che l'investimento in ricerca da parte dell'Office of Scientific Research and Development del governo americano avrebbe determinato in alcuni territori la formazione di *clusters* tecnologici destinati a sopravvivere fino almeno agli anni Settanta[40].

In un libro che resterà un punto di riferimento per gli anni a venire, Alexander Field al contrario ha sottolineato come la maggioranza delle tecnologie belliche sia stata il risultato della combinazione di brevetti, innovazione di prodotto e di processo, risalenti agli anni Venti ma anche a quelli della Depressione, «senza che vi fosse una guerra, con fondi pubblici di ricerca limitati e nel contesto di forze militari – con l'eccezione della Marina – alquanto esigue»[41]. La combinazione di scoperte, brevetti e innovazioni preesistenti ai fini bellici non si trasferisce così facilmente a tempi di pace.

> Sebbene alcune innovazioni del tempo di guerra abbiano trovato applicazioni civili, l'obiettivo preminente degli addetti alla ricerca e sviluppo consisteva nel vincere la guerra, il che,

nella gran parte dei casi, comportava creare o sviluppare mezzi migliori e più efficienti per distruggere edifici, infrastrutture, macchinari e materie prime, oltre a ferire, mutilare o uccidere i soldati e i civili del nemico[42].

Attenzione a celebrare con troppa facilità i «grandi successi» dell'economia di guerra. È il caso della produzione di gomma sintetica, oggetto di una meticolosa ricostruzione da parte di Field[43]. È relativamente facile per un pianificatore fissare un obiettivo, è già più difficile raggiungerlo, ciò che fa davvero la differenza è il *come* ci si arriva. Gli americani arrivarono a produrre «la gomma del governo», ma raggiunsero i target di produzione in ritardo, fecero scelte tecnologiche discutibili, sprecarono un sacco di quattrini. Attenzione a non adottare una visione troppo stilizzata di processi produttivi che invece sono estremamente complicati e richiedono continui aggiustamenti e correzioni di rotta.

La produzione è un processo sempre complesso, rugginoso, fatto di errori e correzioni tanto necessarie quanto difficili da gestire per chi ci si trova in mezzo – come spesso ricordano gli avversari dell'economia di mercato. Nel registrare la spirale di grida, calmieri, provvedimenti, *de orden de Su excelencia* in cui s'infila Antonio Ferrer, Manzoni nota che «sia com'esser si voglia, ordinando ai fornai di far tanto pane, bisognava anche fare in modo che la materia del pane non mancasse loro»[44]. Non basta che le autorità *comandino* di realizzare un certo bene, di adottare una certa tecnologia, di compiere una certa transizione. In un'economia di mercato, la produzione ha un che di jazzistico, non segue uno spartito. Chi realizza beni o servizi fronteggia tutta una serie di problemi e questioni che dall'alto del ponte di comando della società non si vedono nemmeno. Costringe a cambiare fornitori, a rivedere progetti, ad adattarsi continuamente, cercando di apprendere dalle difficoltà.

La mobilitazione di massa ai fini della guerra significò un arretramento della produttività dei fattori, negli Stati Uniti. Per un motivo comprensibile: le stesse persone che prima realizzavano automobili dovettero imparare a costruire carri armati e bombardieri. Perché ciò avvenga, ci vuole tempo e ancor più tempo ci vuole per diventare, nel nuovo mestiere, veloci e bravi quanto lo si era nel vecchio.

Del resto, a ben pensarci nessuno propone una tesi simile a quella del «miracolo bellico-economico» americano per altre guerre combattute dallo stesso paese (quali meravigliose innovazioni ci avrebbero lasciato la guerra di Corea o quella in Vietnam?) o per le guerre combattute da altri paesi.

Questo non significa che, motivati dalla necessità di sviluppare una nuova arma, non sia capitato ad alcuni scienziati, magari sostenuti con i fondi di ricerca di un ministero, di imbattersi in qualche tecnologia utile anche in tempo di pace. È anzi probabilissimo che ciò sia avvenuto negli Stati Uniti, in Germania, in Inghilterra e anche altrove. Ma non possiamo dedurre da alcuni singoli eventi una ipotetica legge di carattere generale a cuor leggero. E, soprattutto, non possiamo pensare che il reale sia sempre razionale, ovvero non considerare un'ipotesi controfattuale. Siamo davvero sicuri che a quella scoperta non si sarebbe arrivati lo stesso, senza guerra e senza fondi pubblici? O magari che quei fondi, in caso fossero rimasti a disposizione degli individui per farci ciò che volevano, non avrebbero potuto condurre l'intelligenza imprenditoriale e lo sviluppo scientifico in altre direzioni, parimenti se non più interessanti?

Tornando a tempi a noi più prossimi, l'esempio con cui Mariana Mazzucato si è imposta nella discussione pubblica è quello dell'iPhone. Che sarebbe figlio non della Apple ma dello Stato imprenditore. Mazzucato prende alcune caratteristiche specifiche del dispositivo, a cominciare dal Gps (la cui utilità per i militari è evidente) e la tecnologia *touch-screen*[45].

Il particolare *touch screen* usato dall'iPhone si deve a Wayne Westerman, che cominciò a lavorare in quella direzione durante il suo dottorato, in una università pubblica, l'Università del Delaware, e che poi aprì una sua società, la FingerWorks, partecipata (come non è inusuale in America) dalla stessa università. Il dottorato di Westerman fu parzialmente finanziato da una borsa della National Science Foundation. Lo stesso accade con circa duemila borse di studio ogni anno.

Nella tecnologia *touch screen* dentro l'iPhone non c'è la «politica industriale»: non c'è, cioè, la volontà consapevole di imprimere una direzione particolare ad alcune risorse, passate dal controllo dei singoli individui a quelle dello Stato. La ricerca da parte delle università negli Stati Uniti è stata fortemente incentivata con il *Bayh-Dole Act*, che ha arricchito atenei e ricercatori consentendo loro di godere della proprietà intellettuale di invenzioni scaturite da ricerche finanziate con fondi federali.

La nostra vita avviene in paesi in cui la spesa pubblica raggiunge circa la metà del prodotto (negli Usa un po' meno). Quindi non c'è da stupirsi se almeno in parte raggiunge degli scienziati che hanno delle buone idee e dunque sostiene scoperte e innovazioni utili. Sarebbe sorprendente il contrario.

Tutt'altra cosa, però, è sostenere, come si fa nello *storytelling* oggi egemonico, che c'è una relazione *necessaria* fra spesa pubblica e innovazione. La tesi implica, di nuovo, che coloro che si fanno chiamare «lo Stato» siano migliori, più lungimiranti, più intelligenti di tutti gli altri.

Ce la sentiamo di sostenerlo apertamente?

Nel settore pubblico come in quello privato ci sono molte persone capaci e con la schiena dritta – e altri farabutti e cialtroni, probabilmente nelle medesime proporzioni in cui si trovano nel settore privato. Ma sono *persone* e se abbiamo a cuore la società libera e come preservarla dobbiamo sapere che nazionalizzare, dirigere, regolamentare significa sempre trasferire potere dalla società allo Stato. Guai a figurarsi quest'ultimo «tal quale lo trovano dipinto in un trattato giuridico, in una qualsiasi filosofia del diritto e della storia» dimenticando che «nel mondo pratico lo Stato fu e sarà sempre il governo, il gruppo di uomini che comandano: i quali vanno pesati, non con le virtù ineffabili che all'ente ideale si attribuiscano, ma con gli errori, gli interessi, le passioni indivisibili dall'essere umano»[46].

note

[1] M. Stoppino, *Potere e teoria politica*, 3ª ed. riveduta e accresciuta, Milano, Giuffrè, 2001.

[2] P. Leroy-Beaulieu, *L'État moderne et ses fonctions*, 3ª ed. riveduta e accresciuta, Paris, Guillaumin, 1900, p. 40.

[3] A.J. Nock, *Our Enemy, the State*, New York, William Morrow & Company, 1935; trad. it. *Il nostro nemico, lo Stato*, a cura di L.M. Bassani, Macerata, liberilibri, 1995, p. 7.

[4] R. Cobden, *England, Ireland and America*, London, J. Ridgway and Sons, 1835; trad. it. parziale *Inghilterra*, in Id., *Scritti e discorsi politici. Il libero scambio per la pace tra le nazioni*, a cura di A. Mingardi, Soveria Mannelli, Rubbettino, 2023, pp. 199-236 (p. 233 per la citazione).

[5] V. Pareto, *Fatti e teorie*, Firenze, Vallecchi, 1920, p. 373.

[6] «Date un'occhiata alla borsa reale di Londra, un luogo più degno di venerazione di molti tribunali, dove i rappresentanti di tutte le nazioni s'incontrano a beneficio dell'umanità. Lì l'ebreo, il maomettano e il cristiano fanno affari come se professassero tutti la stessa religione, e non chiamano infedele nessuno tranne l'insolvente. Lì il presbiteriano si fida dell'anabattista e l'anglicano conta sulla parola del quacchero. Quando si scioglie questa pacifica e libera assemblea, alcuni si ritirano in sinagoga, e altri si fanno un bicchiere». Voltaire, *Letters Concerning the English Nation* (1733), a cura di N. Cronk, 3ª ed., Oxford, Oxford University Press, 2009, p. 30.

[7] J. Sacks, *The Dignity of Difference: How to Avoid the Clash of Civilizations*, London, Continuum, 2002; trad. it. *La dignità della differenza. Come evitare lo scontro delle civiltà*, Milano, Garzanti, 2004, p. 32.

[8] F.A. von Hayek, *Law, Legislation and Liberty*, London, Routledge and Kegan Paul, 1973-79; trad. it. *Legge, legislazione e libertà*, a cura di A.M. Petroni e S. Monti Bragadin, Milano, il Saggiatore, 1986, p. 341.

[9] B. Croce, *Storia d'Europa nel secolo decimonono* (1932), a cura di G. Galasso, Milano, Adelphi, 1993, p. 229.

[10] M. Kundera, *La vie est ailleurs*, Paris, Gallimard, 1973; trad. it. *La vita è altrove*, Milano, Adelphi, 2005, p. 254.

[11] T. Carlyle, *Heroes, Hero-Worship, and the Heroic in History*, London, Fraser, 1841; trad. it. *Gli eroi*, Firenze, Barbera, 1912, p. 252.

[12] J. Carey, *The Intellectuals and the Masses: Pride and Prejudice among the Literary Intelligentsia, 1880-1939*, London, Faber & Faber, 1992.

[13] J.M. Keynes, *The End of Laissez-Faire*, London, Hogarth, 1926; trad. it. *La fine del laissez-faire*, in Id., *La fine del laissez-faire e altri scritti economico-politici*, Torino, Bollati Boringhieri, 1991, p. 41. Keynes sarà presidente della British Eugenics Society dal 1937 al 1944. Gli succederà William Beveridge, fino al 1950. È vero che le idee eugenetiche erano molto comuni, all'epoca, fra gli intellettuali, ma vi erano anche pensatori che rifiutavano su basi politiche e morali il controllo da parte di agenzie statali delle scelte riproduttive. È stato sostenuto, con buoni argomenti, che la stessa teoria economica di Keynes sia nata dai suoi interessi per le idee eugenetiche di Francis Galton (per esempio P.W. Magness e S.J. Hernandez, *The economic eugenicism of John Maynard Keynes*, in «Journal of Markets and Morality», 20, 1, 2017, pp. 79-100) e ha continuato a essere ispirata da una visione razzista e antisemita. Pare difficile pensare di difendere i pregiudizi di Keynes adducendo la scusa, sempre disponibile quando fa comodo, del contesto.

[14] M. Oakeshott, *Rationalism in Politics*, Cambridge, Bowes & Bowes, 1947; trad. it. *Razionalismo in politica e altri saggi*, Torino, IBL Libri, 2020, p. 83.

[15] Se gli scienziati finiscono per abbracciare qualche forma di socialismo, allo stesso modo erano stati prima i socialisti ad abbracciare l'idea che la Rivoluzione fosse cosa troppo importante per essere lasciata al popolo e dovesse dunque essere affidata a esperti capaci. Su questo, si veda F.A. von Hayek, *The Counter-revolution of Science: Essays on the Abuse of Reason*, Glencoe, Ill, The Free Press, 1952; trad. it. *L'abuso della ragione*, Soveria Mannelli, Rubbettino, 2008. Per alcune suggestive riflessioni romanzate, si vedano soprattutto i capitoli inerenti Flora

Tristan in M. Vargas Llosa, *El Paraíso en la otra esquina*, Madrid, Alfaguara, 2003; trad. it. *Il paradiso è altrove*, Torino, Einaudi, 2003.

[16] F.A. von Hayek, *Planning, science, and freedom*, in «Nature», 148, 1941, pp. 580-584; anche in Id., *Socialism and War: Essays, Documents, Reviews*, a cura di B. Caldwell, Indianapolis, Ind., Liberty Fund, 1997, p. 214.

[17] «Quando giudichiamo due ideali dobbiamo confrontare la situazione effettiva del primo con quella del secondo, e la "situazione ideale" del primo con quella dell'altro». R. Nozick, *The Examined Life*, New York, Touchstone, 1990; trad. it. *La vita pensata*, Milano, Rizzoli, 2004, p. 296. Il saggio precetto di Nozick non è granché seguito da chi si occupa di questioni politiche.

[18] M. Polanyi, *Collectivist planning*, in Id., *The Contempt of Freedom*, London, Watts, 1940, pp. 27-60 (p. 28 per la citazione).

[19] T. Judt, *Postwar: A History of Europe since 1945*, London, Penguin, 2005; trad. it. *Dopoguerra. Come è cambiata l'Europa dal 1945 a oggi*, Milano, Mondadori, 2007, p. 87.

[20] F.A. von Hayek, *The Road to Serfdom*, London, Routledge, 1944; trad. it. *La via della schiavitù*, Soveria Mannelli, Rubbettino, 2011, p. 136.

[21] T. Stoppard, *Rock 'n' Roll*, London, Faber & Faber, 2006; trad. it. *Rock 'n' Roll*, Torino, Einaudi, 2011, p. 27.

[22] *Ibidem*, p. 138.

[23] Per un'esposizione logicamente stringente e rigorosissima di idee affini a quelle che qui ho così volgarmente banalizzato, si veda E. Somaini, *L'uno percento più ricco. Perché le disuguaglianze possono essere benefiche*, Torino, IBL Libri, 2022.

[24] A. Smith, *An Inquiry into the Nature and Causes of the Wealth of Nations* (1776), Oxford, Oxford University Press, 1976; trad. it. *La ricchezza delle nazioni*, Torino, Utet, 1975, p. 94.

[25] W. Durant e A. Durant, *Lessons of History*, New York, Simon & Schuster, 1968; trad. it. *Le lezioni della storia*, introduzione di F. De Bortoli, Milano, Settecolori, 2023, p. 23.

[26] Si veda M. Ridley, *The Agile Gene: How Nature Turns on Nurture*, New York, Perennial, 2003; trad. it. *Il gene agile. La nuova alleanza tra eredità e ambiente*, Milano, Adelphi, 2005.

[27] Si veda, per esempio, D. Matthews, *Are 26 billionaires worth more than half the planet? The debate, explained*, in «Vox.com», 22 gennaio 2019, disponibile su https://www.vox.com/future-perfect/2019/1/22/18192774/oxfam-inequality-report-2019-davos-wealth.

[28] A. Manzoni, *I promessi sposi* (1840), a cura di E. Ghidetti, Milano, Feltrinelli, 2019, p. 336.

[29] Aristofane, *Pluto*, a cura di G. Paduano, Milano, Rizzoli, 2016, p. 109.

[30] L. von Mises, *Theory and History: An Interpretation of Social and Economic Evolution*, New Haven, Conn., Yale University Press, 1957; trad. it. *Teoria e storia*, prefazione di D. Antiseri, Soveria Mannelli, Rubbettino, 2009, p. 162.

[31] D.N. McCloskey, *Measured, unmeasured, mismeasured, and unjustified pessimism: A review essay of Thomas Piketty's Capital in the twenty-first century*, in «Erasmus Journal for Philosophy and Economics», 7, 2, 2014, pp. 73-115; trad. it. *Pessimismo misurato, smisurato, mal misurato e ingiustificato*, in G. Wood e S. Hughes (a cura di), *Tutti gli errori di Piketty. Saggi su «Il capitale nel XXI secolo»*, Torino, IBL Libri, 2018, pp. 97-156.

[32] G. Auten e D. Splinter, *Income inequality in the United States: Using tax data to measure long-term trends*, in «Journal of Political Economy» (in corso di pubblicazione), disponibile su https://www.journals.uchicago.edu/doi/abs/10.1086/728741?journalCode=jpe.

[33] F. Modigliani, *L'organizzazione e la direzione della produzione in un'economia socialista*, in «Giornale degli economisti e Annali di economia», 6, settembre-ottobre 1947, p. 463.

[34] P. Larkin, *Homage to a government*, in Id., *High Windows*, London, Faber & Faber, 1969; trad. it. *Omaggio a un governo*, in Id., *Finestre alte*, Torino, Einaudi, 2002, p. 45.

[35] D. Kynaston, *A Northern Wind: Britain 1962-65*, London, Bloomsbury, 2023, p. 105.

[36] D. Sandbrook, *White Heat: A History of Britain in the Swinging Sixties*, London, Abacus, 2006, p. 707.

[37] N. Ferguson, *Back in the 1970s?*, Keith Joseph Lecture, Center for Policy Studies, 29 novembre 2023, p. 1.

[38] A.J. Field, *The Economic Consequences of US Mobilization for the Second World War*, New Haven, Conn., Yale University Press, 2022, p. 3.

[39] *Ibidem*, p. 7.

[40] D.P. Gross e B.N. Sampat, *America, jump-started: World War II R&D and the takeoff of the US innovation system*, in «American Economic Review», 113, 12, 2023, pp. 3323-3356.

[41] Field, *The Economic Consequences*, cit., p. 317.

[42] *Ibidem*, p. 218.

[43] *Ibidem*, pp. 70-143.

[44] Manzoni, *I promessi sposi*, cit., p. 336.

[45] M. Mazzucato, *The Entrepreneurial State: Debunking Public vs. Private Sector Myths*, London, Anthem, 2013; trad. it. *Lo Stato innovatore. Sfatare il mito del pubblico contro il privato*, Roma-Bari, Laterza, 2014, pp. 145-146.

[46] F. Ferrara, *Il germanesimo economico in Italia*, in «Nuova Antologia», 19, 1874, pp. 928-1008; anche in Id., *Opere complete*, vol. X: *Saggi, rassegne, memorie economiche e finanziarie*, a cura di F. Caffè, Roma, Bancaria, 1972, p. 588.

Parte terza | Domani

Siamo sovrastati da grandi sfide e invasi da pensieri minuti. In un dibattito pubblico ubiquo, straripante, al quale partecipano così tante persone istruite come mai nella storia, non sono chiare le regole d'ingaggio. Più esseri umani godono del diritto di voto che mai prima, eppure la democrazia è perennemente considerata «in crisi». Siamo più ricchi dei nostri genitori, ma temiamo l'acuirsi delle disuguaglianze e pensiamo che il futuro non sarà meglio del passato.
La società aperta ha l'avvenire garantito o è stata solo una parentesi nella storia? Quali sono i rischi con cui si deve confrontare? È assediata da nemici esterni, messa in crisi dal populismo oppure dal pensiero brevilineo che prevale nel mondo dell'informazione? Le istituzioni, oggi, ne sono il presidio contro infiltrazioni pericolose, o il primo nemico?
Diverse concezioni della libertà ci fanno guardare non solo il suo presente ma anche il suo futuro con aspettative divergenti. La libertà può essere uno straordinario «metodo» per risolvere problemi. Ma siamo capaci di utilizzarla? E, se no, come possiamo imparare?

5. Limitare l'oppressione

di E. Felice

Libertà è partecipazione.

Giorgio Gaber e Sandro Luporini,
La libertà, 1972

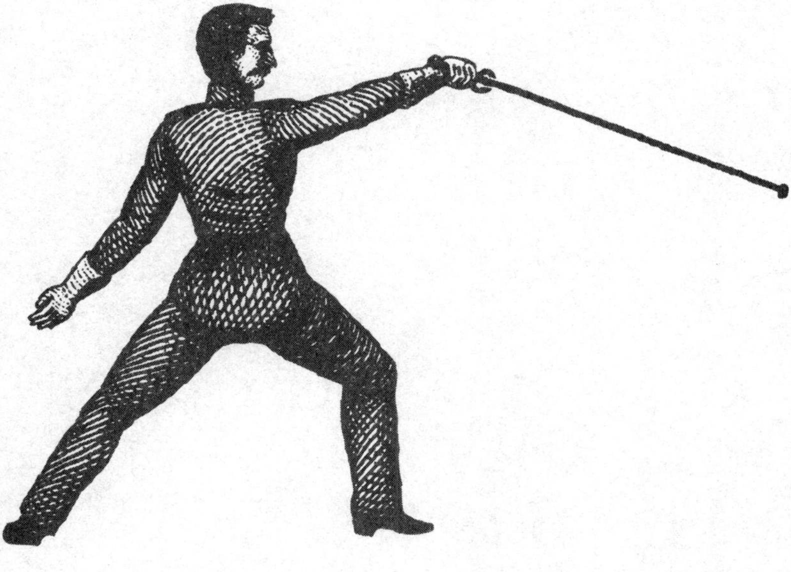

Le basi della convivenza

Chi sono per me gli altri? Sono una fonte di oppressione che viola i miei diritti, limita la mia libertà, mi impedisce di prosperare, di «fiorire»? O sono piuttosto un aiuto, per le sfide e i problemi che nel corso della vita devo affrontare, o di più, addirittura: l'orizzonte autentico in cui realizzo me stesso? (Perché la libertà, come dice la canzone di Gaber, è partecipazione, insieme agli altri, «non è uno spazio libero», «non è stare sopra un albero», avulsi da tutto il resto). Spesso, gli altri sono entrambe le cose. Difatti noi viviamo nel giudizio delle altre persone e nelle relazioni che intrecciamo con loro, questo è forse il senso dell'espressione di Jean-Paul Sartre *l'enfer, c'est les autres*. Italo Calvino, ne *Le città invisibili* (1972), sembra pensarla come lui: «l'inferno dei viventi è già qui». Ma, aggiunge, ci sono due modi per non soffrirne. Il primo, facile a molti, «accettare l'inferno e diventarne parte». Il secondo, più rischioso: «cercare e saper riconoscere chi e cosa, in mezzo all'inferno, non è inferno, e farlo durare, e dargli spazio». Queste sono le parole, alla fine del libro, con cui Marco Polo risponde al Gran khān che lo aveva interrogato sulle terre promesse del pensiero, le città non ancora scoperte o fondate (Utopia, la Città del Sole, la Nuova Atlantide), o su quelle che invece incombono nei nostri incubi, nelle maledizioni (Enoch, Yahoo, Brave New World).

Gli altri – la comunità di questo «animale politico» che è l'uomo – possono diventare l'inferno, che addirittura introiettiamo fino al punto di non accorgercene più (pensate a chi si rassegna a vivere in una dittatura, a chi ne è felice, persino). O possono essere l'argine, cui aggrapparsi, e da costruire, per contenere l'inferno, per non esserne travolti: la radice e lo spazio della nostra libertà, sempre intorno a noi, e vitale, proprio come l'aria.

Da una prospettiva liberale della storia, e della convivenza, valgono entrambe le ipotesi. Noi sì, possiamo considerare «inferno» la violazione dei diritti umani, della dignità della persona, che proviene da altri esseri umani. L'inferno è l'oppressione che ci infliggiamo gli uni con gli altri. E qui, dobbiamo riconoscere: per millenni è stato innanzitutto il potere politico, l'arbitrio del despota o del tiranno, a calpestare la libertà umana, a farci oppressi. Il pensiero liberale nasce, non a caso, in opposizione al sovrano assoluto. Il liberalismo è una teoria dei limiti del potere. E in origine, *prima di tutto* (nel senso letterale), del potere politico. La politica è quindi lo spazio dell'oppressione! Vero. Ma può, e deve, diventare il luogo dell'emancipazione.

Nel Settecento Montesquieu sviluppa in forma compiuta (ma il discorso era già in Locke, come sappiamo, nel *Secondo trattato sul governo* del 1690) l'idea della divisione dei poteri: i poteri si limitano l'un l'altro e in questo loro mutevole confliggere lasciano sfere di libertà alla persona, che può trovare quello che per lei non è inferno, e farlo crescere, e dargli spazio. È il potere che limita il potere a garantire la nostra libertà. Questa testi, del resto, può essere considerata il punto di arrivo di una complessa evoluzione istituzionale dell'Occidente, di un pluralismo che origina e si sviluppa nel Medioevo dell'Europa latina, come accennato (il potere religioso che si separa dal politico, le università, le città)[1], e riesce nel tempo a non estinguersi, come avvenuto più volte in altre civiltà e in altre epoche, ma anzi a preservarsi e a rafforzarsi, a moltiplicarsi: nell'età moderna il potere religioso si divide ancora di più, intrecciandosi con una varietà di Stati, e di forme politiche e di istituzioni sociali, in competizione fra loro. In *De l'espris de lois* (1748) Montesquieu, per molti versi, raccoglie i frutti di un cammino plurisecolare e ne fa lo statuto del pensiero liberale.

Ma questo pensiero all'inizio ha paura della democrazia. Teme la tirannia della maggioranza. Sono preoccupazioni esplicitate da Alexis de Tocqueville, in *La democrazia in America* (1835 e 1840), e che riecheggiano poi fino a José Ortega y Gasset, quasi un secolo dopo (*La ribellione delle masse*, 1930). Per certi aspetti è comprensibile. Nella Rivoluzione francese, la Repubblica giacobina guidata da Robespierre, fondata (per la prima volta nella storia) sul suffragio universale, benché solo maschile, conduce in effetti a una forma di tirannia, intollerante e sanguinaria: mandando a morte migliaia di cittadini che non mostravano di avere, a parere dei giacobini, abbastanza virtù repubblicana – per una crudele beffa della storia, erano accusati di «crimini contro la libertà». Non c'era divisione dei poteri, nella visione totalizzante di Rousseau di cui era infatuato Robespierre, alternativa a quella di Montesquieu.

Per buona parte dell'Ottocento, i liberali e i democratici si alleano sì fra loro, contro i reazionari, ma si fronteggiano anche (il repubblicanesimo di Mazzini, ad esempio, appartiene allora più al campo democratico che a quello liberale). E i democratici spesso sono al fianco dei socialisti: i primi partiti del movimento operaio non a caso si chiamano, a volte, socialdemocratici. Gradualmente però i democratici si mescolano con i liberali, i due pensieri iniziano a fondersi: la via è l'estensione progressiva del suffragio elettorale e la Prima guerra mondiale, con l'irruzione delle masse nella storia, e poi la Seconda, ne sono i tornanti decisivi. Agli uomini dei ceti popolari che muoiono nelle trincee, a milioni, «per la patria», alle donne che tengono in piedi l'economia, il «fronte interno», non si può negare ancora la piena partecipazione alla vita politica. L'edificio dello Stato nazionale si completa con la concessione a tutti i cittadini e le cittadine del diritto di voto, attivo e passivo.

Arriva così la tirannia della maggioranza? Lo Stato democratico liberale, sostanzialmente, tiene. L'eccezione significativa, nel mondo avanzato, è la Germania fra le due guerre: nel 1932, i cittadini tedeschi concedono a Hitler la maggioranza relativa, in libere elezioni, per ben due volte; la seconda, dove pure i nazisti hanno un calo di consensi, sarà fatale. È certo un caso di enorme gravità, per tutta la storia umana, ma a che cosa è dovuto? Oltre che a singole figure, al trattamento ricevuto dalla Germania nella Conferenza di pace di Versailles, dopo la Prima guerra mondiale, peraltro stigmatizzato da Keynes quasi in solitudine (*Le conseguenze economiche della pace*, 1919); quindi all'impatto della crisi del 1929 (prodotto di un capitalismo senza controlli e indifferente alle disuguaglianze) e, come conferma adesso la migliore ricerca storico-economica[2], alle politiche di austerità che seguirono. Negli altri paesi importanti in cui la democrazia liberale cade, non è per la «tirannia della maggioranza» (cioè perché gli elettori votano per chi poi sopprime le libertà), ma per l'azione di minoranze, vincenti, come i bolscevichi in Russia o i fascisti in Italia (in questo caso con la condiscendenza o la complicità delle élite); o al limite per sollevazioni militari, come in Spagna, supportate poi da potenze straniere.

In altre parole: se il liberalismo rischia addirittura di estinguersi in Europa, fra gli anni Trenta e Quaranta, non è per una generica tirannide della maggioranza, per il suffragio universale in sé, ma per le conseguenze di scelte economiche e politiche, che violano i diritti sociali, e per gli altri errori di politica internazionale che favoriscono l'ascesa di Hitler. La riprova? Dopo la Seconda guerra mondiale il suffragio universale verrà ulteriormente esteso, ad esempio alle donne dove ancora mancava (in Italia, in Francia). Ma non si commettono gli errori del periodo interbellico: gli sconfitti vengono aiutati nella ricostruzione e i poteri pubblici, adesso, intervengono per garantire i diritti sociali e contrastare le disuguaglianze. E infatti il liberalismo reggerà molto meglio e, anzi, mostrerà di avere una forte capacità espansiva. La democrazia liberale si rivela un sostanziale successo e tale rimane fino all'alba del terzo millennio, quando cominciano i primi scricchiolii. Ma perché la democrazia liberale funziona, nel mondo avanzato, per almeno settant'anni? Gli ingredienti sono tre.

Primo, la struttura pensata in origine da Montesquieu si dimostra all'altezza della prova: la separazione dei *poteri* (al plurale) è efficace, per evitare l'abuso del *potere* (al singolare), i contrappesi svolgono il loro ruolo, anche perché innervati dal criterio delle competenze – l'accesso all'amministrazione e alla giustizia si basa su concorsi – che contribuisce a dare al sistema efficacia e stabilità.

Ma oltre alla forma c'è un motivo di sostanza. Come accennato gli errori degli anni fra le due guerre non vengono ripetuti. Ora le classi cosiddette subalterne vengono progressivamente inglobate non solo sul piano politico-civile (attraverso il diritto di voto), ma effettivamente anche su quello sociale, economico e culturale: le disuguaglianze si riducono, il *welfare State* garantisce istruzione, salute, lavoro, casa a sempre più cittadini. E la loro partecipazione peraltro è mediata da grandi partiti di massa (di ispirazione socialista, ma anche cristiano-democratica) che effettivamente formano e promuovono classe dirigente, spesso dai ceti popolari, e si fanno carico di incanalare le istanze di partecipazione e redistribuzione nei saldi binari del gioco democratico; ed è confortata dai corpi intermedi, che pure svolgono una funzione simile, i grandi sindacati su tutti (ma anche il mondo cooperativo, le associazioni imprenditoriali, a volte gli ordini professionali, le associazioni culturali). Il liberalismo come pensato da Locke, in opposizione a Hobbes[3], fatto di attivismo dei cittadini che anche in questo modo cercano una realizzazione personale, così come vi trovano un orizzonte ideale e magari una comunità di vita, sta diventando realtà: ma se il liberalismo ha successo, e realizza i suoi ideali, è proprio perché si compenetra con il pensiero democratico e socialista.

Terzo, infine, da non dimenticare: l'eccezionale crescita economica, soprattutto degli anni Cinquanta e Sessanta, agevola le cose, rendendo più facili la costruzione dello stato sociale e le politiche di redistribuzione e inclusione. Questa crescita però, ricordiamo, avviene nella cornice di un ampio intervento pubblico: dalla regolazione alla programmazione, agli incentivi, al welfare, alle imprese statali. A volte il pubblico è inefficiente e di ostacolo, certo, in altre però realizza i suoi obiettivi e contribuisce a innalzare, presumibilmente, Pil e produttività: l'esito varia da caso a caso, da settore a settore, da paese a paese, com'è naturale (in Italia e in Francia, ad esempio, negli anni Cinquanta e Sessanta le politiche e le imprese pubbliche svolsero probabilmente un ruolo positivo; non così nel Regno Unito). Quello che mi preme sottolineare ancora, a chiudere il cerchio, è che in termini generali questo intervento pubblico, nei paesi occidentali, non porta al Leviatano, non toglie le libertà. Ma anzi come abbiamo visto diventa una leva per l'ampliamento delle libertà, intese come diritti politici, civili, sociali, economici e culturali *insieme*, perché insieme si sorreggono: per una maggiore libertà «reale»[4], ovvero «capacità» (*capabilities*) delle persone di realizzare liberamente la propria vita. Viene risolto così, e in un modo piuttosto efficace, il problema dell'oppressione politica: riconoscendo a valle che la pluralità dei diritti, in una democrazia liberale, non rende la libertà più fragile ma, al contrario, la rafforza.

Ognuno, in fondo, ha il suo inferno. Non ce n'è uno solo. E ognuno dovrebbe essere libero di resistere all'inferno (al proprio inferno) come meglio crede. Di trovare quel che non è inferno, e di fortificarlo, e farlo crescere. La democrazia liberale serve a garantire questo. È un metodo per limitare e far convivere i diversi, molteplici inferni delle nostre reciproche esistenze. E per consentire a ogni persona di cercare quel che inferno non è. Di cercare la sua felicità. È forse questo quel criterio universale che consente alla libertà di ognuno di non opprimere la libertà degli altri? Sì, la democrazia liberale. Incarnata – bel paradosso! – dallo Stato e dalla legge. Ma da uno Stato democratico-liberale. Che è cosa ben diversa dal potere assoluto.

Cosa deve fare lo Stato?

Ma il potere che opprime è solo quello politico? Certo, per i liberali questo era il problema principale nel Settecento, ai tempi dell'assolutismo. Lo si può capire. Ma oggi la situazione che si presenta al nostro sguardo, in un mondo diventato molto diverso da allora, e anche i cambiamenti intervenuti nelle scienze umane e sociali nell'arco di più di due secoli ci portano a fare un discorso ben più ampio.

Innanzitutto l'oppressione può essere anche di tipo sociale e culturale, proveniente cioè dalla società e dalle sue norme scritte e non scritte. Ed è per questo che le persone devono avere i diritti sociali, economici e culturali, vale a dire gli strumenti per proteggersi da essa o magari liberarsene.

Pensiamo all'oppressione che le donne hanno subito per millenni, che in parte continuano a subire; a come questa fosse radicata non solo nelle leggi formali, ma nelle dinamiche sociali e nelle norme non scritte, nella cultura in senso lato e finanche nella psiche – delle oppresse come degli oppressori. I filosofi liberali del Settecento, quasi tutti maschi (non a caso), non vedevano questo macigno, salvo rare eccezioni[5]. Di più. Ancora fino a pochissimi anni fa si dava per scontata una impostazione maschilista del linguaggio, finanche del linguaggio, di cui molti nemmeno si accorgevano. Ora, per cancellare tutto questo non basta certo solo il diritto di voto alle donne. Non basta nemmeno rimuovere gli ostacoli legali e civili alla loro parità. Occorrono interventi attivi: istruzione, educazione culturale, norme specifiche, anche, come le quote rosa. E occorrono diritti sociali, dagli asili nido gratuiti al congedo paritario per uomini e donne. E occorrono diritti economici, promossi dalla politica: da una legge che garantisca la parità salariale fra uomini e donne fino a incentivi per l'occupazione femminile. La storia dell'incontro fra liberalismo e socialismo, dopo la Seconda guerra mondiale, è di aiuto su questo e andrebbe valorizzata: diritti civili e diritti sociali, interventi di uguaglianza formale e altri di equità sostanziale, sono spesso andati insieme. Anche in Italia: la riforma del diritto di famiglia che elimina, dopo migliaia di anni, le disparità di posizione fra i coniugi è del 1975, appena cinquant'anni fa; il diritto all'aborto legale è di tre anni dopo; l'istituzione del Servizio sanitario nazionale, che rende finalmente universale il diritto alla salute, anche per chi non ha lavoro e non ha reddito (percentuale molto più alta fra le donne), risale allo stesso anno, il 1978: fu voluta da Tina Anselmi, la prima donna *ministra* – e non *ministro*! – nella storia del nostro paese.

Per inciso, ma neanche tanto. Ognuno parla come vuole, ovviamente. Ma lo Stato democratico-liberale ha il dovere di riconoscere qual è il linguaggio più rispettoso dei diritti della persona e, quindi, di utilizzarlo. Uno Stato che non lo fa, non è inerte o arbitro: perché nel non esprimersi legittima il linguaggio prevalente, che è quello della cultura patriarcale.

Oltre all'oppressione politica e a quella sociale e culturale, vi è poi l'oppressione che origina dal potere economico. Già con il pieno sviluppo del capitalismo commerciale, nel Sei e Settecento, si erano formate grandi imprese che avevano un potere sulla vita delle persone (anche politico) pari a quello di un vero e proprio Stato. Pensiamo ai monopoli per il commercio con le Indie, creati dagli olandesi e dagli inglesi (ma anche da danesi, portoghesi, francesi): la Compagnia inglese delle Indie orientali, in pratica, conquistò e finì per governare un intero continente, l'India. Tutto questo ovviamente non c'entra nulla con la visione liberale, da nessun punto di vista. I principi liberali non valevano per gli indiani, a giudizio dei liberalissimi inglesi del tempo (e saranno poi i Nuovi liberali, e i laburisti, a mettere in discussione e quindi far finire il colonialismo, ma solo nel Novecento).

Nell'Ottocento, il potere delle grandi imprese occidentali si è poi esteso alle altre regioni del mondo colonizzate dagli europei e anche a quelle formalmente indipendenti, come l'America Latina. Ne abbiamo parlato anche prima. È arrivato fino ai più remoti angoli del globo: l'Isola di Pasqua, Rapa Nui, si ritrovò sotto il controllo di una società laniera, scozzese, che la trasformò in un allevamento di pecore, costringendo i suoi abitanti a vivere prigionieri in un villaggio e a lavorare per lei. Ma nella seconda metà dell'Ottocento, con il pieno sviluppo del capitalismo industriale, il potere di alcune grandi imprese private ha cominciato a crescere anche *dentro* le principali economie avanzate, in Europa o negli Stati Uniti: tanto da arrivare a dominarne la vita pubblica, con il controllo dei giornali e dei mezzi di comunicazione, e a indirizzarne quella politica. Di più, queste grandi imprese industriali orientano e guidano anche il nostro comportamento di mercato, le nostre scelte di consumatori che crediamo libere: altro che «mano invisibile»! È una mano ben visibile, in realtà, come ci hanno spiegato, con toni e prospettive fra loro diversi, i maggiori studiosi del capitalismo americano da Alfred Chandler a John Kenneth Galbraith[6].

Un secolo dopo, con la seconda globalizzazione, e con la deregolamentazione dei mercati e l'indebolimento degli Stati che la contraddistinguono, anche il potere di alcune grandi imprese prevalentemente dei servizi (finanza, *big tech*) è cresciuto fino al punto da mettere a rischio la democrazia liberale. Oggi i giganti della finanza possono piegare un paese, specie se piccolo, un governo democraticamente eletto, anche il governo di una democrazia liberale con tutti i crismi, spostando rapidamente i loro fondi: se solo le politiche di quel governo sono loro invise. Che cosa c'è di liberale in questo? E prima ancora, a monte, le *big tech* hanno un potere di influenzare il processo democratico (e di nuovo: anche le scelte di mercato) pari se non maggiore di quello che avevano i grandi trust industriali; e perfino meno trasparente.

Dietro, vi è una concentrazione della ricchezza personale che ha raggiunto livelli difficili anche da immaginare, come abbiamo visto, e pari su scala globale solo alla situazione che precedette la Prima guerra mondiale (e la gravissima crisi che investì allora il liberalismo). Più in generale, una crescente disuguaglianza economica non pone solo problemi etici, ovviamente[7], ed economici (incentivando rendita e speculazione rallenta l'economia, come è avvenuto in passato e come nella nostra epoca ha evidenziato soprattutto Piketty)[8], ma anche politici: per la graduale sostituzione di un sistema democratico con uno plutocratico, in cui la ricchezza diventa il fattore chiave che governa il processo politico (è questa oggi la situazione degli Stati Uniti, per alcuni)[9].

E il pensiero liberale dovrebbe ignorare tutto ciò? Dovrebbe addirittura assecondarlo, preferendo il potere economico a quello politico? O non dovrebbe piuttosto riconoscere che siamo qui davanti a un nuovo potere totalizzante, che ha una base economica e che da lì tracima nelle sfere politica, sociale e culturale, in modo indebito e peraltro non trasparente, e che è questo monolite oggi il nuovo Leviatano, il nuovo potere assoluto che opprime la libertà e la dignità delle persone? E che le nostre democrazie liberali, a diversi livelli, dovrebbero essere rafforzate, semmai, per poter fare da argine?

Ma rafforzate in che modo? Con leggi sulla trasparenza della politica e il finanziamento pubblico dei partiti, per esempio. Recuperando capacità impositiva e il controllo sui movimenti finanziari speculativi, un altro esempio, per poter tassare le grandi ricchezze e quindi attuare efficaci politiche di redistribuzione. Favorendo il coinvolgimento dei lavoratori nella conduzione delle grandi aziende, e poi vincolando l'azione di queste alla responsabilità sociale e ambientale. Con protocolli stringenti che regolino l'attività delle piattaforme e delle *big tech*, ancorandole al rispetto dei diritti civili e politici. O con imprese pubbliche, che in alcuni settori strategici contrastino il monopolio delle imprese private, a garanzia delle libertà dei cittadini e della loro sovranità sui dati e sugli algoritmi: per esempio creando un'alternativa, pubblica e trasparente, ai colossi delle nuove tecnologie, un'alternativa che faccia capo alle democrazie liberali, anche in opposizione agli Stati autoritari; e che peraltro farebbe aumentare la concorrenza (i cittadini avrebbero più scelta, alla fine)[10]. Queste sono proposte che, se bene attuate, presumibilmente aumentano i nostri diritti e le nostre libertà. Non li diminuiscono. Sono proposte liberali. E forse, sì, anche un po' socialiste (o liberali *perché* socialiste).

In sintesi, e in termini più generali: non si tratta oggi di capire in che modo la politica democratico-liberale, l'idea cioè di un limite del potere fondato sulla dignità di ogni persona, sui diritti, che forse è il nucleo ideale storico del liberalismo, si possa rafforzare e applicare anche alle altre sfere della convivenza umana, a partire dall'economia?

Accettare questa sfida significa anche riconoscere, a monte, come faceva notare Croce nel suo celebre dibattito con Einaudi, che nella visione liberale la dimensione etica è più importante di quella economica: quest'ultima non è che un mezzo, uno strumento, per raggiungere gli ideali etici del liberalismo (i diritti umani). E significa riconoscere che a tal fine l'economia deve essere governata dalla politica, una politica democratica (cioè fondata sul suffragio universale) e liberale (cioè fondata sulla divisione dei poteri).

Detta altrimenti: l'etica pone i fini; l'economia i mezzi (quelli più importanti, credo, non gli unici). E la politica orienta i mezzi ai fini.

Questa è un'impostazione molto diversa anche da quella di chi, pur pensando che l'intervento dello Stato non conduca necessariamente al Leviatano, o alla «schiavitù» per dirla con Hayek, ritiene che sia comunque una forma di paternalismo. Ma allora, non è paternalismo anche la scuola dell'obbligo, pubblica e gratuita? (Difatti era questa la critica che le veniva mossa, nell'Ottocento). O non è paternalismo una legge che limiti l'orario di lavoro? Il punto è che l'accezione di paternalismo cambia nel tempo. In base a cosa, ci si può chiedere. In base ai diritti. Se questi sono libertà «reale», *capabilities*, cioè possibilità concrete che abbiamo di realizzarci nella vita (anche i diritti sociali, economici e culturali), allora lo Stato che li tutela e li promuove assomiglia alla Repubblica della nostra Costituzione, impegnata a rimuovere gli ostacoli di ordine economico e sociale che impediscono il pieno sviluppo della persona umana. Insomma, nel corso della storia i diritti che progressivamente si ampliano restringono i confini ideali del paternalismo. Oggi nessuno si sognerebbe di definire paternalismo l'istruzione obbligatoria: perché è, appunto, il diritto all'istruzione. E i diritti così intesi sono, a me pare, l'essenza della concezione liberale.

Ma ancora, si potrebbe obiettare: perché fare intervenire lo Stato? Non è più coerente aspettare che sia lo sviluppo tecnologico, attraverso l'economia di mercato, ad allargare gradualmente la sfera delle libertà e dei diritti? Difatti, non è stata forse la Rivoluzione industriale a liberarci dalla necessità dello schiavismo? E non è stato lo sviluppo tecnologico a portare anche all'emancipazione delle donne, di cui la politica, la cultura e la società a un certo punto hanno dovuto prendere atto? Se noi oggi non sfruttiamo più gli animali per il trasporto o per la guerra, non è forse grazie alla tecnologia? E non sarà ancora grazie alla tecnologia se noi, un giorno, non avremo più bisogno di ucciderli, per mangiare? Ma la tecnologia, come ormai dovremmo sapere, è un giano bifronte. Può essere usata per emancipare gli esseri umani, o per opprimerli ancora di più. Per liberare gli animali o per rinchiuderli negli allevamenti industriali, in condizioni di vita ben più terribili delle precedenti. E può essere usata per salvare l'ambiente, o per distruggerlo: e noi non abbiamo più tempo per aspettare. Ma se anche avessimo ancora tempo, e se anche fosse vero che la direzione è quella dell'emancipazione e del benessere[11], è moralmente accettabile non garantire i diritti oggi, potendo, ma attendere che siano le spontanee forze del mercato a occuparsene, magari, un giorno? E nel frattempo che fanno le persone i cui diritti vengono negati?

Torniamo quindi alla politica che orienta l'economia. In fondo, si tratta di capire come indirizzare lo sviluppo tecnologico (il cuore, incandescente, di cui la sfera economica è il guscio) verso i diritti umani, nella loro accezione più larga. Il problema – è ovvio – si fa più pressante a mano a mano che migliora la tecnologia, cioè aumenta la nostra potenza. Difatti, è dalla Prima guerra mondiale almeno che si è palesato, agli studiosi e anche all'uomo della strada, come questa crescente forza tecnologica non conduca necessariamente alle «magnifiche sorti e progressive», non sia cioè automaticamente sinonimo di «progresso», se per progresso si intende la conquista e l'estensione dei diritti. Con la Seconda guerra mondiale, e poi con le armi atomiche, il problema è diventato ancora più chiaro, enorme e grave. Nell'epoca attuale, poi, non c'è solo il rischio di una guerra nucleare, pure mai così alto da sessant'anni a questa parte. C'è il rischio che i nuovi sviluppi tecnologici sfuggano completamente di mano alla politica democratica e all'etica dei diritti, e che anzi diventino lo strumento per farle saltare. E c'è naturalmente il rischio dell'apocalisse climatica: noi oggi possiamo distruggere noi stessi, le altre forme di vita, la natura. Come ricordato lo stiamo già facendo, da decenni, senza prendere adeguate contromisure (e dire che lo sappiamo).

È un inferno possibile, probabile, che avanza come il Nulla della *Storia infinita*, a inghiottire mondi interi. Di fronte alle fiamme che si alzano (anche in senso letterale), come possiamo riconoscere quello che non è inferno, e farlo durare, e dargli spazio?

È una sfida drammatica e difficilissima, ma è l'unica, io credo, che valga la pena di essere giocata, quella forse per cui ha più senso oggi un impegno pubblico, in politica, anziché il rifugio nella dimensione privata.

In *Sono un liberale?*, tirando le somme della sua risposta affermativa, Keynes osserva:

> La transizione dall'anarchia economica a un regime che mira deliberatamente al controllo e alla direzione delle forze economiche nell'interesse della giustizia e della stabilità sociale presenterà difficoltà enormi, sia tecniche che politiche. Ritengo tuttavia che il vero destino del Nuovo liberalismo consista nel tentare di risolverle[12].

«Nell'interesse della giustizia e della stabilità sociale», scrive. E noi dobbiamo aggiungere, un secolo dopo: nell'interesse dell'ambiente, nell'interesse nostro e delle altre specie con cui condividiamo il pianeta. Il Nuovo liberalismo oggi non è mai stato così attuale.

La via per un Nuovo liberalismo

Qualcuno dirà: perché chiamarlo ancora «liberalismo», come fa Keynes? «Un regime che mira deliberatamente al controllo e alla direzione delle forze economiche» non è forse il socialismo? (o qualcos'altro?) Perché Keynes insiste nel volere continuare a collocare questa prospettiva nell'orizzonte ideale e storico del liberalismo? La sfida in realtà è proprio questa. La crisi ecologica, che si aggiunge alle più alte disuguaglianze globali dai tempi della Prima guerra mondiale (come ricordato), rende oggi ancora più indispensabile un governo politico delle forze economiche. Ma questo governo politico avverrà a scapito della perdita della nostra libertà? O non dobbiamo piuttosto trovare il modo di coniugare le libertà civili e politiche con l'esigenza non più prorogabile di preservare gli ecosistemi e promuovere le giustizia sociale?

Può darsi, beninteso, che per salvare l'umanità e il pianeta noi saremo costretti a rinunciare alla nostra libertà. O può darsi, come io credo e come forse anche la nostra storia suggerisce, che una società libera sia tutto sommato in grado di affrontare meglio la gigantesca sfida climatica, rispetto a una società autoritaria: a condizione però di rendere l'ecologismo condiviso dalla maggioranza dei cittadini, cosa che si può ottenere solo con politiche ambientali volte alla redistribuzione sociale. L'idea di fondo del liberalismo non può e non deve essere abbandonata, quindi, ma va affiancata alle ragioni del socialismo e dell'ecologismo (oltretutto, proprietà privata e mercato restano importanti ambiti di realizzazione della persona e utili leve per l'innovazione, benché non esclusive). Le tre visioni vanno fuse, letteralmente, in una prospettiva comune.

Sul piano etico, come abbiamo visto, questa prospettiva può essere quella dei diritti umani allargati, che si reciprocano nei doveri – i diritti sociali e ancor più quelli ambientali pongono doveri alla proprietà privata, ad esempio. E tutti in questo senso, diritti e doveri, derivano dal nostro essere animali sociali, e cooperativi, anziché individui isolati. Per coerenza, il discorso dei diritti va esteso anche agli altri esseri viventi capaci di provare sensazioni e sentimenti, un percorso che matura già nel pensiero liberale (dall'utilitarismo di Singer alle *capabilities* di Nussbaum) e si ritrova in tutto e per tutto in quello socialista (dall'idea della storia come emancipazione degli oppressi fino alla condanna degli allevamenti intensivi). Come pure va esteso alle generazioni che verranno: l'etica dei diritti si intreccia e si coniuga, adesso, con l'etica della responsabilità.

Possiamo chiamare questa impostazione «Nuovo liberalismo», per seguire il filo del ragionamento di Keynes. Sarebbe coerente, come ho cercato di spiegare. Può forse andare bene anche l'espressione «liberalismo inclusivo» proposta da Salvati e Dilmore, o quella più tradizionale di «liberalismo sociale» risalente a Hobhouse, a patto di intendersi sulla radicalità degli interventi da mettere in campo: devono essere correttivi profondi e non semplici abbellimenti. O si può adoperare quella, forse più chiara, e a me più cara, di liberalsocialismo, auspicando il superamento del liberalismo e del socialismo in una sintesi nuova. Con l'avvertenza però che questa sintesi nuova avviene, oggi, insieme all'ecologismo e nella sua «traiettoria storica»: è l'umanesimo ecologista che rafforza e rinnova la sintesi fra liberalismo e socialismo[13].

Ma oltre al motivo etico-ideale – l'estensione dei diritti e quindi dei doveri, la libertà e la felicità umana *insieme* agli altri – vi è poi anche un motivo pratico, per così dire, su cui conviene tornare. La questione ambientale è di un'enorme complessità. Oltre che l'economia e la tecnologia coinvolge le scienze fisiche e biologiche e interroga le scienze umane e sociali, di ogni tipo. Quanto a visione del mondo, per esempio, richiede di superare un umanesimo tradizionalmente animato dal mito di un progresso lineare, per abbracciarne uno centrato sulla cura della natura e degli esseri viventi, sulla responsabilità verso la casa comune, per il quale gli occidentali avrebbero molto da imparare da altre culture del pianeta. Insomma, questa è la sfida sistemica più ampia, complessa e difficile che l'umanità abbia mai affrontato nella sua storia (e infatti non è detto che la vinceremo). Richiede, per citare le parole dei filosofi della complessità, un «congedo dal canone della semplificazione»[14]: sia come abito culturale, sia come metodo di pensiero. Non vi è una risposta precostituita, non c'è un'unica soluzione. E davvero qualcuno pensa che una sfida del genere si possa vincere senza la piena libertà di ricerca e di critica, di parola e di pensiero? Davvero qualcuno crede che le società illiberali, in cui i media sono sotto controllo e uno scienziato che dice quello che pensa rischia il lavoro, o il carcere o addirittura la vita, possano essere meglio attrezzate, in questa partita, delle nostre società aperte?

Anche dalla storia passata e recente si evince che, a conti fatti, le società fondate sulla libertà di ricerca e di parola sono meglio in grado di produrre innovazione delle società che reprimono questa libertà, e che tale vantaggio si amplia a mano a mano che cresce la complessità dei problemi da affrontare (i quali richiedono ad esempio la libera discussione di ipotesi alternative, o l'ammissione e il riconoscimento di eventuali errori per quindi cambiare strada). Come è logico. E non è la libertà di ricerca e di parola, come abbiamo visto, la radice storica e l'essenza dell'idea liberale? Non è forse il confronto aperto, informato sui fatti, la chiave del suo giudizio? Per questo, il socialismo e l'ecologismo hanno un bisogno vitale del liberalismo, devono innestarsi in società aperte: che aperte e libere devono restare. Oltre che un valore in sé, la libertà è quindi un mezzo. Non credo che potranno essere le società chiuse a salvarci dalla catastrofe ecologica. E sicuramente non potranno essere loro a evitare che lo sviluppo tecnologico si ritorca contro la persona umana, contro i nostri diritti: semmai, a quest'esito aprono la strada; per definizione.

Ma se le società chiuse non saranno l'antidoto alla crisi ecologica, potrebbero esserne una conseguenza. E il liberalismo ha bisogno, per evitarlo, del pensiero socialista. Così come ha avuto bisogno del socialismo democratico, nel Novecento, per superare le sue contraddizioni e vincere la battaglia contro i totalitarismi. Difatti, è quando si sono uniti che i due pensieri hanno saputo realizzare meglio le loro aspirazioni, di entrambi. Ebbene, tutto questo oggi sembra essere ancora più vero, nel comune orizzonte ecologista. Per quale motivo? Perché come accennato, ma il punto è davvero cruciale, nelle nostre democrazie le politiche per l'ambiente devono avere il consenso degli elettori. Ma se queste politiche andranno a scapito della maggioranza dei cittadini (i ceti medi e bassi), non l'avranno. A quel punto, o verranno perseguite in modo incoerente, addirittura abbandonate, e noi tutti perderemo la partita. Oppure verranno imposte dall'alto, e noi potremmo perdere la libertà. Dobbiamo evitare entrambi gli esiti. In che modo? Ripetiamolo: le politiche ambientali devono essere socialmente giuste: devono realizzarsi con investimenti e spese che vadano prevalentemente a favore dei cittadini svantaggiati, di coloro che da soli non possono permettersi la transizione ecologica; di più, devono essere parte essenziale di una più ampia redistribuzione, dall'alto verso il basso, di ricchezza e di opportunità, di conoscenze e di potere.

Due esempi. Uno facile, in fondo: anziché aumentare le tasse sui carburanti fossili, occorre da un lato finanziare la produzione e il consumo di auto elettriche, in modo da ridurne il prezzo per i cittadini; dall'altro sovvenzionare il trasporto pubblico ecosostenibile e tutte le forme di mobilità alternativa; e occorre infine favorire le comunità energetiche e più in generale la produzione, quanto più diffusa possibile, di energie rinnovabili (a proposito della redistribuzione anche di potere, di conoscenze e pratiche).

E un esempio difficile, ugualmente importante, su cui si riflette poco. In virtù del recente benessere economico di nuove, immense regioni del mondo, la Cina su tutte, il consumo di carne (e di pesce), anche se in termini pro capite diminuisce leggermente nei paesi avanzati grazie al veganismo, è in rapida ascesa su scala globale, in termini assoluti: i paesi via via meno poveri si stanno avvicinando ai nostri livelli. Tutto questo però non si traduce in un aumento dei prezzi, se non in minima parte, ma nella crescita degli allevamenti intensivi, cioè nell'aumento dell'offerta. Ora, gli allevamenti intensivi, oltre che un crimine contro gli animali, inquinano i terreni, le acque e i mari e consumano enormi risorse (e sono dannosi anche per l'organismo umano che ne mangia i prodotti): si stima che, dopo i combustibili fossili, più di tutti stiano portando il pianeta al collasso. Qual è la soluzione? Per evitare la catastrofe ecologica, si potrebbe decidere di vietare completamente il consumo di carne (e di pesce): una limitazione molto pesante della nostra libertà. Oppure si possono mettere fuori legge gli allevamenti intensivi: ma questo si tradurrebbe, allora sì, in un aumento esplosivo dei prezzi; difatti solo chi è molto ricco potrebbe continuare a mangiare carne, proveniente a quel punto da allevamenti al pascolo. La proibizione degli allevamenti intensivi dovrebbe allora accompagnarsi a: sussidi per gli allevatori al pascolo, in modo da contenere i prezzi delle loro carni; massicci investimenti nella produzione e promozione della carne ecologica, o carne coltivata, cioè la carne prodotta in laboratorio senza uccidere animali, per renderla buona e conveniente; campagne a favore del veganismo e finanziamenti alle imprese che propongono alternative vegane. In questo modo consentiremmo, a chi vuole, di continuare a mangiare carne, a condizione che siano rispettati i diritti degli animali e dopo averlo bene informato, e miglioreremmo di molto le possibilità di salvezza nostre e del pianeta.

Si dirà: ma queste politiche costano. Parecchio pure. Vero. Anzi è proprio questo il punto. Probabilmente comporteranno un aumento del debito pubblico o anche dei prezzi (ma è meglio lasciare alle generazioni che verranno debiti e inflazione, o un pianeta invivibile?). Almeno in parte, però, queste politiche si possono finanziare con una riforma progressiva del fisco, che prelevi risorse dalle ricchezze e dai profitti maggiori per darle, in forma di aiuti ambientali, ai cittadini meno abbienti e alle imprese impegnate nella conversione ecologica; e che tassi di più le imprese inquinanti, come è logico dato che producono esternalità negative, favorendo le tecnologie *green*. Queste sono politiche di redistribuzione volte a coniugare la giustizia sociale e quella ambientale, che potrebbero avere il consenso della popolazione, all'interno delle nostre democrazie liberali; le quali forse ne uscirebbero rafforzate, perché più coerenti e meno disuguali. È la via di un nuovo intervento pubblico, che oggi può salvare le nostre società aperte mentre cerca di affrontare la crisi ecologica. Altre strade francamente non ne vedo.

Sembra semplice, ma non lo è. Primo, perché non c'è solo questo. Oggi in estrema sintesi il Nuovo liberalismo, o liberalsocialismo ecologista (o come preferite), oltre che per salvare il pianeta dovrebbe operare anche per: ridurre le disuguaglianze; tutelare i diritti di fronte alla crescente potenza tecnologica, anzi, fare in modo che le nuove tecnologie si trasformino in più democrazia e maggiori diritti; promuovere la libertà di ricerca e la diffusione delle innovazioni; assicurare relazioni internazionali fondate sullo Stato di diritto. Spesso peraltro questi compiti si intrecciano fra loro. Ma soprattutto, e qui viene davvero il nodo più delicato, per affrontarli in modo adeguato la dimensione dello Stato-nazione non basta più.

Politiche di redistribuzione, ad esempio, hanno bisogno di tassazioni progressive e queste, per essere efficaci, richiedono accordi globali sui movimenti finanziari e sui regimi fiscali (e anche sullo scambio di dati e informazioni): altrimenti le ricchezze, i redditi e i profitti rischiano di scappare, lì dove pagano meno tasse. Le politiche ambientali, ugualmente, devono essere coordinate a livello mondiale, su obiettivi e target comuni. E lo stesso vale per le politiche atte a governare le grandi società telematiche, o l'intelligenza artificiale e le sue applicazioni, o per la condivisione della ricerca di base. Inutile dire che questo vale poi per le politiche volte a garantire il rispetto del diritto internazionale e a disinnescare un'escalation bellica su larga scala.

In breve: il significato e le possibilità di successo del Nuovo liberalismo passano per la definizione di un nuovo ordine mondiale.

Oltre lo Stato-nazione?

Il problema è che il liberalismo è nato, si è costruito e si è sviluppato con lo Stato-nazione. Non si tratta solo del fatto che il *welfare State* è proprio dello Stato (già dal nome); o che ovviamente una comunanza di lingua e di cultura agevola il funzionamento della democrazia rappresentativa; e nemmeno del fatto che la libertà di scegliere dove vivere ha spesso le frontiere come limite, che in modo più edulcorato si chiamano «giurisdizione»: perfino John Rawls, forse il più influente filosofo liberale della nostra epoca, considera valido il suo criterio di «giustizia redistributiva» solo all'interno di ciascun paese (l'unica eccezione è il diritto di asilo, cioè il caso in cui le libertà civili e politiche siano negate)[15]. Ma è qualcosa di più profondo, un forte legame sociale e ideale. Sin dall'Ottocento (e in alcuni casi già nel Settecento) la cultura nazionale è il terreno da cui le singole borghesie liberali prendono linfa e fa da lievito alle loro ambizioni, non solo verso l'esterno nel tentativo di conquistare territori, mercati, per i prodotti e i capitali nazionali, ma anche all'interno, per sostenere le leggi e le istituzioni degli Stati che si vanno strutturando e che loro governano. E a questa «fraternità» nella patria si accodano spesso anche le rispettive classi operaie, al punto che nei momenti considerati più drammatici per la sopravvivenza della nazione – come la Prima guerra mondiale – perfino la lotta di classe viene meno.

Non è solo storia. In seguito all'invasione russa dell'Ucraina, attualmente fallita per quelle che erano le ambizioni originarie di Putin (rovesciare il legittimo governo di Kiev), un politologo liberale come Francis Fukuyama è tornato a evidenziare l'importanza del nazionalismo nel sorreggere le democrazie liberali e i valori delle società aperte: valori e società che secondo Fukuyama hanno successo, e resistono all'assalto dei regimi autoritari, quando possono appoggiarsi alle istanze e alle identità nazionali[16]. D'altro canto, la difficoltà di costruire una democrazia liberale su scala sovranazionale si palesa nel cammino dell'Unione Europea: benché abbia da decenni una sola moneta e una politica commerciale unica, e da prima ancora un parlamento comune, e diverse altre istituzioni e politiche condivise, e benché veda partecipare tutte o quasi nazioni prospere e pacificate, e nonostante diversi tentativi e il fatto che quest'esigenza sia sempre più avvertita nel mondo multipolare, ebbene l'Unione Europea non riesce ancora a superare l'assetto confederale per passare a uno federale (gli «Stati Uniti d'Europa»), cioè non riesce a lasciarsi definitivamente alle spalle la centralità dello Stato-nazione.

Tutto ciò è senz'altro vero. Ma è vero anche, va riconosciuto, che il liberalismo ha sviluppato nel tempo un forte afflato internazionalista, una vocazione o un'ambizione globali che hanno già avuto conseguenze molto importanti per la storia umana, senza precedenti. Il bicchiere è mezzo vuoto, certo, ma è anche mezzo pieno: e proprio l'Unione Europea ne è un esempio. Sono stati i liberali – sia progressisti, all'inizio, da Wilson a Roosevelt allo stesso Keynes, sia neoliberali – che nel Novecento più di tutti hanno costruito le istituzioni globali che già oggi cercano di governare il mondo; e hanno provato anche ad approntare gli strumenti, benché mal funzionanti, per il riconoscimento universale dei diritti umani. Quanto agli altri filoni di pensiero, ebbene i socialisti sono stati all'inizio, nelle intuizioni dei loro padri fondatori, Marx su tutti, più internazionalisti dei liberali: non a caso sono stati i primi a cercare di fondare addirittura un'organizzazione politica mondiale, almeno nelle aspirazioni, la Prima Internazionale. Solo in un secondo momento si sono «rinchiusi» nello Stato-nazione, seguendo i liberali, perché hanno trovato nella democrazia costituzionale il terreno migliore su cui condurre le loro battaglie (e avevano in parte ragione, in quella fase). L'ecologismo, poi, ha sì un forte radicamento nel territorio (per ovvie ragioni), ma non può che avere (per ragioni altrettanto ovvie) uno sguardo e una dimensione globali: e non è un caso che attorno all'ecologismo siano tornati a svilupparsi, oggi, movimenti sociali e politici di portata mondiale. Del resto, ai nostri giorni le tecnologie facilitano, molto più che in passato, anche la mobilitazione transnazionale, sull'ambiente come sulla pace e, in certa misura, sui diritti sociali e civili.

Queste mobilitazioni già esistono e stanno già cambiando la politica. Con i *Fridays for Future*, organizzati da Greta Thunberg a partire dal 2018, le iniziative contro il cambiamento climatico sono diventate, in poco tempo, da minoritarie a quasi di massa, almeno fra i giovanissimi. Ma per la verità già nel 2015 l'impegno della società civile, delle organizzazioni non governative, del mondo scientifico, perfino del mondo religioso a partire dalla Chiesa cattolica (con l'enciclica *Laudato Si'*), era stato determinante per spingere tutti gli Stati membri delle Nazioni Unite a firmare, a Parigi, l'Agenda 2030 per lo sviluppo sostenibile. Si è trattato di un passo storico nel cammino dell'umanità, almeno sulla carta: è il primo accordo universale per contrastare i cambiamenti climatici; prevede dettagliate procedure di controllo e monitoraggio, sul raggiungimento di ben 17 obiettivi (*goals*) e 169 sotto-obiettivi (*targets*) fissati per ciascun paese.

La firma dell'Agenda 2030 è stata, di per sé, una svolta. Ma lo è stata anche per l'ampiezza delle tematiche affrontate. Non abbiamo infatti solo l'ambiente. Fra gli obiettivi troviamo la sconfitta della fame e della povertà e poi, nello specifico, un'ampia gamma di diritti sociali, da assicurare a tutta la popolazione mondiale: salute, istruzione, un lavoro dignitoso, il diritto all'acqua e ai servizi igienico-sanitari, all'energia pulita. Si è poi riusciti a includere la parità di genere, benché continuino a mancare i diritti politici e molti diritti civili. E non c'è solo l'Agenda 2030. Anche il sogno di un ordine mondiale fondato sullo Stato di diritto ha cominciato negli ultimi decenni a concretizzarsi, dopo diversi tentativi che risalgono alla fine della Prima guerra mondiale: nel 1998 è stato approvato lo statuto della Corte penale internazionale; istituita per giudicare i crimini di guerra, di aggressione, di genocidio e più in generale i «crimini contro l'umanità», diventerà operativa nel 2002.

Dalle istituzioni per tutelare i diritti umani, limitando il potere degli Stati, agli accordi internazionali per il clima e per la giustizia sociale: una nuova politica globale volta ai diritti umani esiste già?

O forse, non esiste affatto. Quello che vediamo è una beffa, si potrebbe dire, propaganda, che ha ben poche conseguenze sul piano pratico. E a non crederci siamo anche noi occidentali.

Il trattato istitutivo della Corte penale internazionale, ad esempio, non è stato firmato da 41 paesi: fra questi la Cina, gli altri regimi che continuano a chiamarsi «comunisti» (Cuba, Vietnam, Laos, Corea del Nord), l'Arabia Saudita, ma anche la più grande democrazia del mondo, l'India. Ci sono poi 31 paesi che, pur avendo firmato il trattato, non l'hanno mai ratificato o si sono ritirati: in questo gruppo troviamo gli Stati Uniti e poi la Russia di Putin, Israele. Insomma, quella della Corte penale internazionale è una vicenda che richiama alla memoria la Società delle Nazioni, negli anni fra le due guerre, che infatti finì male. Ma se non si riesce a trovare un accordo nemmeno sulla necessità di mandare a processo chi commette crimini di guerra, si può mai trovare sul resto? Difatti, non si trova. Trump vince le elezioni nel 2016, l'anno dopo la firma dell'Agenda 2030: sotto la sua presidenza gli Stati Uniti – i più importanti, per la sua attuazione – escono dall'accordo; rientreranno con Biden. Ma a parte questo, il rispetto dei *goals* e dei *targets* rimane al fondo su base discrezionale, per ciascun paese, con risultati molto differenziati e nel complesso insoddisfacenti. Senza contare che da quegli accordi è stato espunto il grande tema della democrazia, del rispetto delle libertà politiche, di stampa, di parola, in assenza delle quali il liberalismo non esiste; del resto, è ormai un quarto di secolo che i regimi autoritari risultano in espansione[17].

Altro insomma che una politica globale fondata sulla progressiva estensione dei diritti umani! Rischiamo di andare nella direzione opposta. Perdipiù, in un fosco contesto di Guerra fredda fra i paesi liberi e le principali potenze del capitalismo autoritario (ma altre sono nostre alleate). Fredda quando va bene.

Se la Guerra fredda precipitasse su larga scala, se cioè si arrivasse a una Terza guerra mondiale, sarebbe molto probabilmente la fine dell'idea, o del sogno, della storia umana come affermazione della libertà e dei diritti. Ma anche senza giungere allo scontro militare, una prolungata ostilità fra le superpotenze potrebbe essere per il mondo insostenibile. Senza un accordo globale sul commercio, sulla finanza, sulla ricerca e sulle nuove tecnologie, infatti, non solo è difficile governare lo sviluppo tecnologico nella direzione dei diritti umani, ma vi sono ben poche possibilità di fronteggiare con successo la crisi climatica. Come sappiamo, ce lo ricorda la scienza incessantemente, rimangono ormai pochi anni prima che tale crisi diventi irreversibile, con effetti a catena fuori controllo; occorrono misure ben più coraggiose di quelle messe in campo e bisogna anche aiutare i paesi poveri nella transizione (paesi che subiscono le conseguenze maggiori dei cambiamenti climatici, pur avendo storicamente meno responsabilità). È difficile pensare di poter riuscire in una tale impresa senza un qualche accordo con la Cina, capofila dei regimi autoritari che si oppongono all'Occidente, piaccia o meno.

Aggiungo però. Le democrazie liberali dovrebbero cercare di arrivare a un accordo che consenta loro di rafforzarsi, strategicamente, nel medio periodo: in modo da vincere in prospettiva la sfida con le autocrazie. Un accordo, insomma, che consenta di ridare forza alle società aperte e slancio ai nostri ideali.

Da un lato vi è la liberalizzazione del commercio, che va a beneficio certo della Cina ma in realtà a lungo andare del mondo intero, come insegnava Adam Smith. Dall'altro bisogna arrivare però a un'intesa globale sui movimenti finanziari, che ostacoli quelli speculativi come dopo la Seconda guerra mondiale (con Bretton Woods), e sul fisco, per tassare profitti e ricchezze in modo equo e progressivo, per condividere le informazioni e sradicare i paradisi fiscali: in questo modo, gli stati liberi possono ottenere più risorse per le politiche ambientali, o per rafforzare il loro welfare e ridurre le disuguaglianze, tutelandosi meglio anche da contraccolpi commerciali di breve periodo; o per orientare e guidare il capitalismo di mercato verso grandi missioni sociali e ambientali, nazionali e internazionali, in linea con gli obiettivi dell'Agenda 2030[18]. Peraltro qui abbiamo di recente alcune buone notizie: nel 2021 l'Ocse ha raggiunto un accordo per una tassa minima globale (benché solo al 15%) sulle multinazionali e per un sistema più equo di ripartizione della loro base imponibile, operativo dal 2024. Nel commercio si sta andando però nella direzione opposta, a partire dal 2018, con la presidenza Trump, gli Stati Uniti e poi altri paesi hanno innalzato i dazi.

Ma oltre a commercio e finanza, ci sono la ricerca e l'innovazione: forse le vere basi della prosperità, a lungo andare. Dalla metà degli anni Novanta, con gli accordi internazionali sui diritti di proprietà intellettuale (Trips) dell'Uruguay Round, poi incorporati nel Wto, la ricerca è diventata sempre meno aperta e sempre più protezionistica, con l'estensione a dismisura del numero, della tipologia e della durata dei brevetti. Ora, lungi dal promuovere l'innovazione, questo sistema favorisce le grandi *corporations* a scapito delle imprese nuove e dei consumatori, che alla fine si ritrovano con prezzi più alti e meno possibilità di scelta; impoverisce il mondo e accentua la conflittualità internazionale, dove invece servirebbe la cooperazione[19]. Andrebbe radicalmente cambiato: nella ricerca privata, come ci insegnano gli economisti dell'innovazione, i brevetti devono essere sostituiti dai premi. Inoltre la ricerca, soprattutto quella di base, deve tornare ad avere una forte base pubblica, finanziata dagli Stati, e a essere aperta e condivisibile, in quanto volta al bene generale[20].

Questo era, in fondo, il modello della Rivoluzione scientifica, nei secoli che hanno visto la gestazione e poi la nascita del liberalismo (ricordate? La Repubblica delle lettere). E a pensarci non è lontana, questa visione, dal sogno di Francis Bacon, il padre della Rivoluzione scientifica inglese, che in *Nuova Atlantide* (1627) immagina la scienza come una grande impresa collettiva, e senza segreti, sganciata dalle regole del profitto.

In linea di principio, i benefici della ricerca dovrebbero essere accessibili a tutti, nel mondo libero: le democrazie dovrebbero operare in stretta sinergia. Tuttavia, con i regimi autoritari la condivisione della ricerca dovrebbe avvenire solo in cambio del rispetto, in quei paesi, di certi standard di libertà civili e politiche e dello Stato di diritto[21]: si può pensare a una messa in comune, graduale, dei risultati della ricerca, ad esempio per grandi aree o tipologie, in cambio di un percorso di progressiva apertura ai diritti; con obiettivi precisi da monitorare. Questo sarebbe un incentivo potente alla diffusione dei valori del liberalismo, che può anche dare forza a quanti, in quei paesi, si stanno battendo per la democrazia.

Giova ripeterlo. Una ricerca libera e competitiva è la chiave non solo per la prosperità, ma per affrontare meglio le sfide sociali e ambientali che abbiamo di fronte. Mentre il governo della finanza e una tassazione equa su multinazionali e grandi ricchezze consentirebbero alle democrazie di rafforzarsi. Anche i nuovi accordi commerciali potrebbero essere soggetti a uno stesso principio: riduzione delle tariffe, in cambio di passi avanti concreti nei diritti fondamentali. E così per la partecipazione a grandi eventi globali, come le esposizioni universali (gli Expo). E beninteso: l'Occidente, o il mondo libero, per coerenza dovrebbe applicare questi criteri anche ai suoi alleati. La partecipazione all'Expo di Riad, per esempio, nel 2030, dovrebbe essere condizionata a miglioramenti reali nel campo dei diritti umani, da qui al 2030, da parte dell'Arabia Saudita, il paese ospitante e uno dei regimi più oppressivi sulla Terra – ma nostro alleato. L'ideale poi sarebbe arrivare a degli standard globali di utilizzo delle nuove tecnologie, a partire dai *big data* e dall'intelligenza artificiale, che vincolino anche i regimi autoritari a non utilizzarle per sopprimere le libertà fondamentali (al contrario di quello che sta già avvenendo).

In questo modo, si può sperare, il mondo libero avrebbe la possibilità di vincere, nel medio periodo, la partita decisiva con le autocrazie: avrebbe i mezzi per dimostrare che i suoi cittadini vivono meglio (con più prosperità e meno disuguaglianze, oltre che con più libertà civili e politiche), che le società aperte sono più coerenti e i nostri valori universali – un po' come avvenuto durante la Guerra fredda, nel Novecento. Al contempo, i cittadini delle autocrazie avrebbero forse più possibilità di organizzarsi per cambiare il loro sistema. Ma affinché questo avvenga, insisto, bisogna rispettare una condizione: i paesi liberi devono essere i primi a mostrare di credere nei diritti umani. Devono cioè perseguirli senza ambiguità o contraddizioni, sia al loro interno (nelle politiche per i diritti civili e politici, ma anche sociali e ambientali, o in quelle per i migranti, o contro il terrorismo), sia su scala internazionale (condannando e perseguendo le violazioni del diritto e i crimini di guerra ovunque e da chiunque compiuti). Altrimenti, la nostra credibilità sarà minata di nuovo – come negli anni fra le due guerre – da accuse di ipocrisia o doppiopesismo. Del resto, come possono le democrazie liberali proporre un ordine globale fondato sui diritti umani, se esse stesse li rinnegano?

Insomma, occorre creare un assetto internazionale cooperativo, volto a preservare la pace, a fronteggiare la crisi climatica e le altre sfide che si pongono e si porranno all'umanità: attraverso la massima condivisione della ricerca e delle innovazioni, attraverso il libero commercio e il governo della finanza, attraverso una tassazione comune, progressiva e, quindi, politiche pubbliche che sappiano orientare lo sviluppo economico e tecnologico verso i diritti e l'ambiente. E attraverso la difesa universale e coerente dei diritti umani. In questo assetto, le liberaldemocrazie potranno avere gli strumenti per essere più forti e anche più coese dei regimi autoritari (mentre si creano le condizioni affinché quei regimi siano messi in discussione dai loro cittadini). Possibile, dato che le società aperte sono in effetti migliori delle società chiuse (e non è forse la libertà un'aspirazione universale che alberga nell'animo umano?), e lo sono ancora di più se sanno riconoscere pienamente i diritti sociali e ambientali, accanto a quelli civili e politici, e rivendicano i loro valori con una voce chiara e univoca.

Il sogno di una convivenza umana fondata sul diritto e sui diritti, e in cui ogni persona sia libera di ricercare la propria felicità, è ancora vivo; non può lasciar posto al sonno della ragione. Anzi. Per certi aspetti non è mai stato così attuale, o urgente. Il sogno dei liberali, dei socialisti, degli ecologisti, insieme. Sì, c'è l'Atlantide di Platone, l'impero a occidente delle Colonne d'Ercole che sapeva condurre le guerre ma finisce sommerso dalle acque. E c'è la Nuova Atlantide di Bacone, i cui abitanti vivono in pace, aperti al mondo, condividono la ricerca scientifica e si dedicano tutti insieme a migliorare le loro, le nostre condizioni di vita. Temo che stia scadendo il tempo che abbiamo per scegliere in quale Atlantide desideriamo vivere: se in un incubo o in un sogno.

La politica di chi ama i diritti e la libertà oggi credo voglia dire soprattutto cominciare a trovare, e organizzare, le forze in grado di sostenere questo sogno, affinché abbia gambe per camminare, oltre a un paio d'ali. Qualche segnale c'è già, per il sentiero. Acquisirne coscienza è forse il primo passo.

note

[1] Valga per tutti H.J. Berman, *Law and Revolution: The Formation of the Western Legal Tradition*, Cambridge, Mass., Harvard University Press, 1983; trad. it. *Diritto e rivoluzione. Le origini della tradizione giuridica occidentale*, Bologna, Il Mulino, 1998.

[2] G. Galofré-Vilà, C.M. Meissner, M. McKee e D. Stuckler, *Austerity and the rise of the Nazi Party*, in «Journal of Economic History», 81, 1, 2021, pp. 81-113.

[3] Su questo, cfr. D. Runciman, *Politics: Ideas in Profile*, London, Profile, 2015; trad. it. *Politica*, Torino, Bollati Boringhieri, 2015.

[4] Cfr. P. Van Parijs, *Real Freedom for All: What (if Anything) Can Justify Capitalism?*, Oxford, Oxford University Press, 1995.

[5] Fra queste è l'abate Joseph Dinouart, forse il primo a sostenere la piena uguaglianza fra uomini e donne (*Il trionfo del sesso*, 1749). Nel Secolo dei Lumi vediamo finalmente affacciarsi sulla scena anche le prime filosofe, benché molto rare: fra loro Émilie du Châtelet, autrice fra l'altro del *Discorso sulla felicità* (1779, pubblicato postumo). Fra chi si esprime in favore di un miglioramento della condizione delle donne, pur ritenendo che vi siano fondamentali differenze con gli uomini, vi è poi Denis Diderot.

[6] Ad esempio A.D. Chandler, *The Visible Hand: The Managerial Revolution in American Business*, Cambridge, Mass., The Belknap Press of Harvard University Press, 1977; J.K. Galbraith, *The Economics of Innocent Fraud: Truth for Our Time*, London, Penguin, 2004; trad. it. *L'economia della truffa*, Milano, Rizzoli, 2004.

[7] Da una prospettiva liberale, cfr., ad esempio, T.M. Scanlon, *Why Does Inequality Matter?*, Oxford, Oxford University Press, 2017; trad. it. *Perché combattere la disuguaglianza*, Bologna, Il Mulino, 2020.

[8] T. Piketty, *Le capital au XXI*[e] *siècle*, Paris, Seuil, 2013; trad. it. *Il capitale nel XXI secolo*, Milano, Bompiani, 2014.

[9] Cfr. fra gli altri B. Milanović, *Global Inequality: A New Approach for the Age of Globalization*, Cambridge, Mass., The Belknap Press of Harvard University Press, 2016, pp. 199-211; trad. it. *Ingiustizia globale. Migrazioni, disuguaglianze e il futuro della classe media*, Roma, Luiss University Press, 2017, pp. 186-195.

[10] Con riferimento all'Unione Europea, cfr. F. Barca e P. Luongo (a cura di), *Un futuro più giusto. Rabbia, conflitto e giustizia sociale*, Bologna, Il Mulino, 2020, pp. 113-125 e 141-146.

[11] Su questa prospettiva, due buoni libri (dai titoli eloquenti): B.M. Friedman, *The Moral Consequences of Economic Growth*, New

York, Knopf, 2005; trad. it. *Il valore etico della crescita. Sviluppo economico e progresso civile*, Milano, Egea, 2008; M. Shermer, *The Moral Arc: How Science Leads Humanity toward Truth, Justice, and Freedom*, New York, Holt, 2015.

[12] J.M. Keynes, *Am I a liberal?*, in «The Nation & Athenaeum», 1925; trad. it. *Sono un liberale? E altri scritti*, a cura di G. La Malfa, 2ª ed., Milano, Adelphi, 2011, p. 170.

[13] Questa è la prospettiva delineata più diffusamente in E. Felice, *La conquista dei diritti. Un'idea della storia*, Bologna, Il Mulino, 2022. Sull'ecologismo, cfr. ora anche Id., *L'ecologismo è un umanesimo*, in «il Mulino», 72, 3, 2023, pp. 170-182 e, sullo stesso numero della rivista, M. Ceruti e R. Della Seta, *Pensiero ecologico e antropocentrismo*, pp. 183-195.

[14] M. Ceruti e F. Bellusci, *Umanizzare la modernità. Un modo nuovo di pensare il futuro*, Milano, Cortina, 2023; E. Morin, *Écologiser l'homme*, Paris, Lemieux, 2016.

[15] J. Rawls, *The law of peoples*, in «Critical Inquiry», 20, 1, 1993, pp. 36-68.

[16] F. Fukuyama, *Liberalism and Its Discontents*, London, Profile, 2022; trad. it. *Il liberalismo e i suoi oppositori*, Milano, Utet, 2022.

[17] Si veda Z. Csaky, *Nations in Transit 2021: The Antidemocratic Turn*, Washington, D.C., Freedom House, 2021. Ma con qualche battuta d'arresto (in Polonia nel 2023).

[18] Cfr. M. Mazzucato, *Mission Economy: A Moonshot Guide to Changing Capitalism*, London, Allen Lane, 2021; trad. it. *Missione economia. Una guida per cambiare il capitalismo*, Bari-Roma, Laterza, 2021.

[19] Si veda U. Pagano e A. Rossi, *The crash of the knowledge economy*, in «Cambridge Journal of Economics», 33, 4, 2009, pp. 665-683.

[20] M. Cimoli, G. Dosi, K.E. Maskus, R. Okediji, J.H. Reichman e J.E. Stiglitz (a cura di), *Intellectual Property Rights: Legal and Economic Challenges for Development*, Oxford, Oxford University Press, 2014.

[21] Al netto dello spionaggio, ovviamente, che però è sempre esistito nella storia.

6. Limitare l'emergenzialismo

di A. Mingardi

And the world looks just the same
And history ain't changed
'Cause the banners, they all flown in
the last war.

The Who, *Won't Get Fooled Again*, 1971

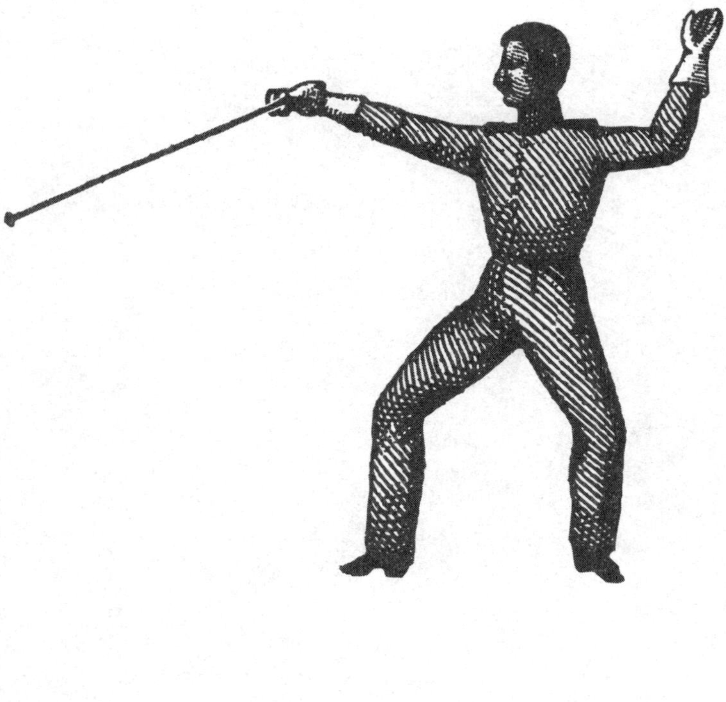

«So di un edificio che, per l'opera di lavoratori troppo zelanti, è stato talmente puntellato e rincalzato dalla parte dove essi ritenevano che vi fosse una pendenza, da subire un'inclinazione in senso opposto, fino a rovesciarsi»[1]. Qualcosa del genere succede alla società aperta, tutti i giorni. Anche coloro che si definiscono «liberali» tendono a pensare che la libertà non possa bastare a sé stessa. E cercano di sostenerla, di puntellarla, di proteggerla.

«Figliolo, viviamo in un mondo pieno di muri e quei muri devono essere sorvegliati da uomini col fucile», spiega il colonnello Nathan Jessep (Jack Nicholson) al tenente Daniel Kaffee (Tom Cruise) nel serrato interrogatorio finale di *Codice d'onore*. I muri *chiudono* le società aperte. Per il colonnello Jessep rappresentano un presidio senza il quale queste ultime non potrebbero esistere: tolta la sicurezza assicurata dagli uomini col fucile, non c'è libertà possibile. Ma «sicurezza» è una parola plastica, si adatta a dire ogni cosa o quasi. È chiaro che le persone non possono fare alcun vero piano di vita, se sentono costantemente a repentaglio la loro integrità fisica o i loro beni. La natura è stata crudele con l'uomo, scriveva David Hume, perché lo ha sovraccaricato con innumerevoli bisogni e necessità ma «non è dotato né di solide braccia, né di forza, né di altre capacità naturali capaci di soddisfare in qualche modo così tante necessità»[2]. Per questo viviamo in società, dove assieme ci assicuriamo contro tutta una serie di rischi e proviamo a soddisfare l'un l'altro le nostre necessità e i nostri desideri. La cooperazione è così essenziale per gli esseri umani perché senza sarebbero più insicuri e più poveri, che cerchiamo strumenti (regole) per renderla più agevole. Il liberalismo è uno di questi, di relativo successo perché lasciare spazio alla libertà degli individui tende a creare prosperità. Più siamo *liberi*, meno è probabile che saremo *poveri*.

Dunque, un certo livello di protezione delle persone e delle attività che svolgono da interferenze sgradite è necessario perché queste possano provare a cooperare e a sviluppare iniziative. Se gli uomini fossero angeli, non servirebbe il governo.

Una società aperta è una società relativamente ordinata, ma non *perfettamente* ordinata. Per viverci bisogna essere disponibili a sopportare un *quantum* di caos. Se non possiamo recarci al lavoro senza il timore di essere rapinati cammin facendo, o se una ragazza non si azzarda a uscire dopo una certa ora perché ha paura di incontri indesiderati, manca il minimo di sicurezza senza cui non può esserci neanche libertà. Ma a un certo punto va tirata la linea. Il clochard che dorme sotto i portici potrà turbare qualche passante, ma è «sicurezza» impedirgli di vivere a modo suo? Il venditore ambulante di chincaglieria, che strappa un'offerta a un suo concittadino dopo averlo pedinato per mezzo isolato, può infastidire, ma in una società libera è immaginabile che qualcuno gli impedisca di piazzare la sua merce?

In qualche misura, possiamo scegliere il livello di disordine con cui convivere: possiamo cercare di stabilirci in un quartiere più residenziale ovvero in un altro che brulica di negozi e attività. Se non sopportiamo il caos della metropoli, possiamo trasferirci in campagna. Il guaio è che spesso coloro che vivono in campagna pensano che tutto il mondo debba essere campagna, e viceversa.

Se scendiamo sul terreno dell'economia, «sicurezza» è parola ancora più ambigua. In un'economia di mercato, dovrebbe coincidere con la certezza delle precondizioni delle nostre relazioni economiche con altri: che significa essere ragionevolmente sicuri che non ci stanno vendendo la fontana di Trevi. Per impegnarci in uno scambio, dobbiamo considerare molto improbabile che chi ci sta offrendo un certo bene o servizio non vanti in realtà su di esso diritti di proprietà legittimi. E dobbiamo pensare che, in caso qualcosa vada storto, potremo portare la questione innanzi a un giudice che non è a libro paga della nostra controparte. Se volete capire che genere di «certezza» serva al mercato, andate su eBay: la fiducia necessaria a perfetti estranei, i quali magari vivono uno a un capo del mondo e l'altro all'altro, per barattare denaro e beni emerge attraverso le stelline attribuite a venditori e compratori, che certificano il fatto che gli uni descrivano correttamente la loro merce e gli altri la paghino in tempo; attraverso un sistema che regola i resi per merci difettose o spedite per sbaglio; attraverso i prezzi e le negoziazioni che si compiono prima di uno scambio, inclusa la richiesta di informazioni esaustive a chi mette un certo lotto sul mercato. Del mondo liberale in cui era cresciuto, in cui «chi possedeva una casa la considerava asilo sicuro dei figli e dei nipoti» e «appena un neonato era in culla, si metteva nel salvadanaio o si deponeva alla cassa di risparmio il primo obolo per il suo avvenire», Stefan Zweig scrive che era «l'età d'oro della sicurezza»[3].

Oggi però «sicurezza» significa anche cose molto diverse. La «sicurezza economica» è diventata il sinonimo di una serie di assicurazioni sui rovesci della vita: la disoccupazione, l'invalidità, la vecchiaia. Le polizze contro questi rischi vengono offerte in monopolio dal *welfare State*, con livelli di soddisfazione variabili. Su poche cose gli economisti sono d'accordo, ma una di queste è che i monopoli producano una quantità inferiore di un certo bene o servizio, potendo infischiarsene della qualità e del giudizio dei consumatori. In una società tecnologicamente avanzata, per alcuni la «sicurezza economica» equivarrebbe al fatto che tutti possano percepire un reddito, se necessario a carico dello Stato. C'è un argomento liberale a favore di un «reddito minimo garantito» (e non, attenzione, della regolazione pubblica del livello dei salari così come dei prezzi): dare a ciascuno una «dotazione fondamentale» che consenta di non essere costretto in una condizione servile. Di entrare, cioè, in relazione con altri, per esempio con un datore di lavoro, su base volontaria, e non perché costretto. Ma, pure in questo caso, fissare l'asticella non è così facile, nel momento in cui prevale un'attitudine diffusa per cui alla categoria, relativamente rigida, della coercizione («costringere qcn., con la forza o le minacce, a fare o a non fare qcs. contro la propria volontà», così il De Mauro) se ne sovrappongono altre: il disagio e la frustrazione, per esempio.

Frustrazione e disagio spesso vanno assieme al disorientamento per la perdita di posizioni consolidate. Perlomeno nella «mente occidentale», spiega Eric Hoffer, il lavoro è strettamente legato a identità e dignità, tant'è che «non v'è dubbio che la frustrazione prodotta dalla disoccupazione sia dovuta più ad una corrosiva sensazione di non valere nulla che alle difficoltà economiche. Un sussidio di disoccupazione, per quanto adeguato al bisogno materiale, non la può lenire»[4].

Questa frustrazione e questo disagio sono ancora più forti, quando viene messo in questione non solo il lavoro che facciamo, ma quello che ci aspettavamo di fare *per sempre*. Quando, per esempio, lo sviluppo tecnologico apre la porta a una concorrenza inaspettata (pensate a Uber coi taxi) oppure rende obsolete alcune figure professionali. Ogni anno scompaiono non solo posti di lavoro, ma proprio «lavori». Si fa fatica a spiegare a un ragazzo di vent'anni che cosa faceva un dimafonista o che cos'è un videonoleggio. Per la società, se certi mestieri non servono più, ciò di norma coincide con un progresso. Se posso dettare al computer, anziché a un essere umano, vuol dire che quest'ultimo può essere impiegato per fare altre cose. Per chi la «transizione» la vive sulla sua pelle, però, è un dramma. In che misura la «sicurezza» può essere interpretata come sicurezza che domani sarà come ieri, che non dovremo, cioè, adattarci ai cambiamenti? Ci sono, come dicevamo, alcune figure professionali che sono libere di scomparire e altre no, perché «garantite» da tutta una serie di norme a loro favore. È facile passare da tentativi di proteggere lavoratori «deboli», che la tecnologia obbligherebbe a reinventarsi, a politiche che garantiscono alle imprese che li impiegano i mezzi da utilizzare contro concorrenti più efficienti: a patto, ovviamente, di non licenziare nessuno. L'obiettivo alto e nobile di tutelare i lavoratori si trasforma in fretta in quello, meno nobile, di garantire incassi certi ad aziende decotte. Col risultato, molto spesso (pensiamo ai minatori del Sulcis), di lustri di tira e molla, nei quali si perde tempo prezioso per riqualificare la manodopera e si spendono più soldi di quanto sarebbe costato dar loro un vitalizio.

La distribuzione di privilegi da parte delle istituzioni pubbliche è tanto maggiore quanto più potere è stato trasferito dalla società allo Stato. Come tutti, anche gli imprenditori tendono a preferire una navigazione tranquilla a una più pericolosa. Per questo chiedono frequentemente che lo Stato in qualche modo assicuri i loro investimenti, partecipandovi direttamente o finendo per assumersene gli oneri. Il trasferimento di risorse dalla società allo Stato va talvolta a loro vantaggio, anche se non lo ammetteranno innanzi all'opinione pubblica. Ogni tanto spingono affinché la dotazione di capitale di un Paese (dalle strade alle infrastrutture informatiche, ai gasdotti) sia dichiarata obsoleta, per poterla sostituire: qualche produttore ci guadagnerà. Si appellano a nobilissime motivazioni: come la tutela dell'occupazione o agevolare tecnologie più pulite. Altre volte si suona la grancassa del nazionalismo. Bisogna assolutamente tutelare la tal razza di suini, italiana al 100%, se il mondo rimanesse senza sarebbe uno smacco per il prestigio nazionale.

Navighiamo tra le sfumature di grigio. La libertà individuale è un potente generatore di ansia e di frustrazione. Più ci sentiamo padroni del nostro destino e più siamo responsabili dei nostri fallimenti. Se vogliamo recitare la parte della persona libera, «dobbiamo essere capaci di accettare – o almeno di imitare – il modo in cui un uomo libero è sconfitto. Un uomo libero, quando è sconfitto, non dà la colpa a nessuno»[5].

Si potrebbe sostenere che il liberalismo sacrifica al benessere sociale il benessere psicologico individuale. L'ansia del venire alle prese coi cambiamenti è il prezzo della possibilità di andare incontro alle novità. Quest'ultima accresce la disponibilità di beni e servizi a disposizione di tutti, migliorando i confort e gli standard di vita. Ma non è detto che ciò compensi il senso di smarrimento e di fatica.

La società aperta, come ogni altro modo di stare insieme, ha pregi e difetti. «Non tutte le cose sono compatibili, men che meno tutti gli ideali dell'umanità»[6]. Società più aperte sono condannate a offrire meno sicurezza di quanto non facciano le società chiuse: nelle loro strade s'incontreranno ubriachi e venditori di hashish, il percorso professionale di una persona non sarà garantito al momento in cui ha firmato il suo contratto di lavoro. Questa insicurezza può essere temperata dal fatto che, mentre in una società chiusa è difficile trovare spazio per esperimenti di microsocietà più aperte, in una società aperta è possibile fare esperimenti con microsocietà chiuse. La società aperta è pluralistica e non impone a nessuno di perseguire uno scopo specifico. Ma, al suo interno, le persone possono aggregarsi se sentono di avere un obiettivo comune, immaginare un proprio modello di vita e «tentare di convincere altri a partecipare all'avventura di una comunità basata su quel modello»[7]. Abbiamo detto che la società più aperta che conosciamo è il mercato: che è libero nel momento in cui ammette esperimenti continuamente diversi. Anche una società è tanto più libera quanto più contempla esperimenti diversi.

Gli esperimenti, in un'economia di mercato, provano a rispondere a esigenze concrete delle persone, organizzano a tal fine i fattori della produzione, ogni tanto restano nel solco dei tentativi passati, provando a migliorarli, ogni tanto innovano in modo radicale. Gli esperimenti sociali non hanno a che fare con bisogni e necessità materiali ma, se vogliamo, con la domanda di senso delle persone. Con quell'insieme di valori (per usare una parola altisonante), prassi, principi che ci servono a pensare che il nostro passaggio su questa terra non sia stato invano. La società libera è pluralista: consente progetti di vita ispirati a giudizi di valore diversi. Suore e *stripper*.

Robert Nozick considerava lo Stato minimo una impalcatura per le utopie: per progetti di vita anche eccentrici, ispirati a fini particolari, che informano la vita di un certo gruppo di persone, a cui si aderisce volontariamente. Siamo una società aperta finché le persone possono decidere di andare a vivere in una comunità hippy o in un monastero lefebvriano. Non lo siamo più nel momento in cui cerchiamo di trasformare la società tutt'intera in una comunità hippy o in un monastero lefebvriano.

Purtroppo quest'ultima è la costante tentazione di coloro che hanno un'idea chiara di che cosa sia la «vita buona», per sé e dunque, quasi inevitabilmente, anche per il proprio prossimo. È una tentazione universale. Se credete che non sia così, che stia esagerando, pensate a come vi comportate alla guida. Un italiano di solito guida almeno tre macchine: muove il volante della sua, mentre sbraita ordini a quella alla sua destra e a quella che ha innanzi. Lo facciamo anche quando camminiamo e incrociamo una gonna troppo corta, una giacca trasandata, un'abbronzatura esibita nel pieno dell'inverno. Tutti pensiamo di sapere come gli altri debbano vivere e imparare a non imporglielo, a lasciar correre, è un esercizio difficile.

Alcuni finiscono per considerarlo un esercizio *impossibile* e con il sostenere che una società aperta debba negare sé stessa, in aspetti nemmeno tra i più periferici, se vuole sopravvivere. Negli ultimi anni ci siamo abituati a un discorso pubblico nel quale un fine condivisibile, la sopravvivenza delle nostre istituzioni «occidentali», viene utilizzato per giustificare qualsiasi mezzo o quasi.

I muri, non solo nel senso del muro di cinta del colonnello Jessep, si sono moltiplicati.

Sono muri le barriere che cerchiamo di erigere contro l'immigrazione. Spesso non sono fatte di mattoni, come quello di Trump, ma di norme, come quelle che, obbligando le compagnie aeree a rimpatriare eventuali migranti illegali, hanno aperto un florido mercato agli scafisti. O della trama di norme, limitazioni, controlli che colpisce in realtà la libertà dei cittadini di impiegare un'altra persona, col pretesto di stanare gli irregolari.

«Buoni steccati fanno buoni vicini». Non mi sembra un buon recinto eliminare le collaborazioni di università ed enti di ricerca con la Russia, inasprire la disciplina dei visti, rendere impossibile a un musicista di quel paese di esibirsi in Occidente o a un suo atleta paraolimpico di gareggiare in Europa.

Sono muri anche quelli che proviamo a costruire per fermare l'afflusso di prodotti, imprese e capitali sgraditi. I governi dei paesi liberaldemocratici cercano in tutti i modi di impedire a imprenditori e imprese di commerciare con partner sgraditi, o di ricorrere a fornitori di nazioni «non amiche».

In Italia, il cosiddetto *golden power* viene facilmente puntato contro azionisti di imprese private che hanno un passaporto sgradito al governo. È ancora un'economia di mercato, quella in cui la proprietà delle imprese deve ricevere il beneplacito dalla presidenza del consiglio dei ministri?

Un muro di euro è stato alzato dalle banche centrali per proteggere i mercati finanziari nella crisi del 2007-2008 e poi di nuovo con il Covid. Una pagina molto citata del manuale del buon banchiere centrale lo esorta a creare liquidità quando i mercati s'ingrippano. Ma, per usare un'efficace metafora di Franco Bruni, l'eccessiva liquidità rigonfia la spugna del sistema finanziario e poi, quando uno shock esterno schiaccia la spugna, questa rilascia l'acqua travolgendo l'economia con l'inflazione o le crisi finanziarie[8]. Tutti gli agenti economici, dal consumatore alla multinazionale, adeguano le loro scelte, i loro piani, le loro aspettative, a un ambiente in cui la liquidità è enorme. Ma la liquidità non può crescere all'infinito, prima o poi bisogna dare una stretta e i comportamenti, i piani e gli investimenti risultano inadeguati, se non catastrofici. Il muro spugnoso ha protetto i mercati azionari e i grandi debitori (a cominciare dagli Stati). Poi ha generato un'alluvione che ha travolto tutti gli altri.

Con Internet prima e coi social poi, più persone che mai nella storia hanno cominciato a conversare su questioni pubbliche. Lo fanno spesso litigando in malo modo, non si rivolgono ai professori levandosi il cappello, dicono qualche parolaccia di troppo e s'infervorano di continuo. Tipi colti, ben informati, che una volta sarebbero usciti dall'edicola con quattro quotidiani sotto braccio e dando del lei alla cassiera, non sembrano a dire il vero sapersi controllare granché meglio. Ma, a differenza dei primi, si pongono il problema. E che cosa invocano? Altri muri. Sono pronti a *bloccare* gli interlocutori che non piacciono loro (e, per carità, sono liberi di farlo), invocano leggi e comitati contro le *fake news* (sinonimo contemporaneo di «bugia», usato da chi pensa che si tratti di un nuovo ritrovato messo a punto da hacker russi o cinesi), applaudono le università che provano ad allontanare docenti sgraditi e le sale da concerto che non fanno suonare artisti la cui voce non si è unita alla campagna del momento.

I vecchi liberali erano forse un po' ingenui a pensare che una discussione senza vincoli fosse già una pedagogia del dibattito pubblico, che le persone, potendo conversare liberamente e non essendo più costrette ad ascoltare in platea il sermone dell'autorità religiosa o politica o le due cose assieme, fossero destinate a imparare a parlarsi. Dovendolo esercitare, il buon senso si sarebbe appreso cammin facendo. È col tempo e con la pratica che si impara a essere persone adulte. Dunque, tutto bisogna fare, fuorché proibire l'espressione di opinioni eterodosse, stravaganti, financo offensive. Anzi: più se ne discute, più emergeranno per quel che sono. Dal momento che «gli uomini non sono infallibili» e «le loro verità sono per la maggior parte delle mezze verità», «l'unanimità, a meno che non sia il risultato del più completo e libero confronto di opinioni opposte, non è auspicabile»[9].

Una posizione di questo genere, oggi, appartiene a pochi «estremisti». Chi è che non vuole fare qualcosa contro le *fake news*, variamente definite? Siamo continuamente esortati, dalle autorità più alte del culto laico della pubblica opinione, a essere «intolleranti con gli intolleranti». Conta più il soggetto che il complemento di compagnia.

Quest'entusiasmo per i lavori in muratura rivela quel che pensano, della società aperta, le classi dirigenti (cioè i politici, ma anche gli intellettuali, i commentatori dei giornali, i grandi imprenditori, tutti coloro che sono a vario titolo influencer). Pensano che sia la capanna dei tre porcellini, pronta a venir giù con un soffio di vento. Il guaio è che, di lavoro in muratura in lavoro in muratura, abbiamo chiuso le porte e mureremo a secco anche le finestre. I muri levano luce e aria.

Lo facciamo con grande slancio, con grande passione. Perché tutti i problemi di cui ho provato, nelle pagine precedenti, a dar conto, e molti altri, non sono più «problemi». Sono *emergenze*. Viviamo in un'epoca nella quale il vocabolo è talmente inflazionato che non dovrebbe più valer nulla. Invece mantiene forte la propria presa. Letteralmente: basta la parola e saltano i criteri tradizionali, i processi di decisione decentrati cominciano a sembrare talmente lenti da essere insostenibili, bisogna fare qualcosa *whatever it takes*, costi quel che costi. Il prezzo, alla fine, è la libertà stessa.

La conquista dell'America da parte della Spagna

Nel 1899, William Graham Sumner pubblicò una sua lezione intitolata *The Conquest of the United States by Spain*. Gli Stati Uniti erano appena usciti vittoriosi dalla guerra ispano-americana, per l'appunto, ma, pur avendo battuto la Spagna sul campo di battaglia, venivano a loro volta «conquistati sul campo delle idee e delle politiche»[10]. Per il sociologo di Yale la Spagna incarnava lo Stato imperialista per antonomasia, la (allora, breve) storia degli Stati Uniti d'America era tutt'altra. Gli Stati Uniti dovevano la loro esistenza alla rivolta contro un sistema coloniale che, per quanto mai tanto tirannico quanto quello spagnolo, a quello si ispirava.

Il vincitore aveva però deciso di voler somigliare allo sconfitto. «La questione posta dall'imperialismo, dunque, consiste nel chiederci se sconfesseremo l'origine stessa della nostra nazione istituendo un sistema coloniale di tipo spagnolo, anche a prezzo di sacrificare il sistema civile e politico che esiste nel nostro paese». Per Sumner, «è bizzarramente incongruente dare voce a grandiose banalità sui benefici della libertà [...] per poi iniziare [un nuovo capitolo della nostra storia] gettando alle ortiche la Costituzione in patria»[11].

L'ammonimento circa il profilarsi di un sistema imperiale a guida americana è fra le poche profezie mai azzeccate da un sociologo. Ma Sumner, che vedeva nell'etnocentrismo (termine da lui coniato) le radici dell'imperialismo, non era solo preoccupato che il suo paese, obliando per sempre la lezione di George Washington («la grande norma della nostra condotta verso le altre nazioni sia: estendere molto le relazioni commerciali, ma avere il meno possibile di legami politici»), abbracciasse una politica estera espansionistica. Egli ne temeva le ripercussioni sulla politica interna, sui rapporti fra individui e Stato all'interno del recinto presidiato dal generale Jessep. In pochi mesi, era già emersa «una dottrina [che afferma] che è nostro dovere patriottico che ci mordiamo la lingua ogniqualvolta i nostri governanti decidono di scendere in guerra, mentre i nostri interessi, le nostre istituzioni, le nostre tradizioni più sacre e le nostre massime più radicate vengono calpestate»[12].

Anche Winston Churchill, appena diventato primo ministro, mise in atto iniziative per il confinamento coatto di molti stranieri. Egli, tuttavia, si rendeva conto di quanto tali misure fossero pericolose. «Guardate cosa è accaduto alle libertà di questo paese durante la guerra», disse al direttore del «Manchester Guardian» nell'ottobre 1943. «Uomini che occupavano posizioni di riguardo sono stati arrestati e hanno languito per anni in carcere senza un processo e senza rispettare il diritto dell'*habeas corpus* [...] è una cosa spaventosa per chiunque abbia a cuore le libertà britanniche»[13]. Provvedimenti simili vengono accolti con entusiasmo, diventano parte di una narrazione che elogia la repressione del dissenso (o la direzione degli affari economici, che è il modo più efficace per sgominare il dissenso) in quanto presuntivamente necessaria per preservare la libertà stessa.

Di recente, uno dei più acuti critici contemporanei del liberalismo ha osservato come «anziché vedere la Cina diventare simile all'Occidente, è quest'ultimo che ha iniziato ad assomigliare alla Cina. In entrambi, il sistema economico regnante è una versione del capitalismo di Stato»[14]. È difficile sostenere che questo processo osmotico sia avvenuto senza la partecipazione attiva delle classi dirigenti occidentali. Che, al contrario, per anni hanno visto nel «modello cinese» una rivincita della capacità di direzione dello Stato sull'anarchia del mercato[15].

Molti dei muri ai quali ho fatto riferimento poc'anzi non sono di costruzione recente, ma vi si aggiungono continuamente altri mattoni. La storia del liberalismo è un lungo catalogo di fallimenti ed è tutto fuorché un glorioso crescendo: è capitato che garanzie e libertà che davamo per acquisite, al punto di chiamarle «conquiste di civiltà» o con altre espressioni zuccherose, siano state rimesse in discussione. Ai tempi di Sumner come ai nostri. Quando consideriamo un paese «una società aperta» lo facciamo sempre in termini relativi, ben consapevoli che, se di società perfettamente aperte è difficile trovarne, ce ne sono di «più aperte» di altre.

In questi ambiti, le misure sono tutte imperfette ma, se considerate nel tempo, possono forse darci l'indicazione di una tendenza. Prendiamo per esempio l'Indice della libertà economica prodotto dal Fraser Institute del Canada. Tra il 2000 e il 2019 l'indice medio di libertà economica è aumentato dal 6,58 al 6,94 (il valore massimo è 10). Nel 2020, l'indice medio si era ridotto al 6,77, rimanendovi per tutto il 2021. Era dal 2009 che l'indice di libertà economica non era così basso[16].

È uso comune far spallucce, perché la libertà economica, la libertà di vendere e comprare, sarebbe roba da bottegai. Ivan Grigor'evič, il protagonista di *Tutto scorre...*, quando torna a casa dal gulag, riflette che la libertà è «il diritto di seminare quel che vuoi, di fare scarpe, soprabiti, di cuocere il grano che hai seminato, per venderlo o non venderlo, come vuoi tu»[17]. Con la consueta saggezza, all'Italia appena uscita dal fascismo Luigi Einaudi raccomandava la «libertà pratica dell'uomo comune» che è libertà di esporre il proprio pensiero contro gli avversari, «di dir corna del prossimo e del governo e massimamente di questo», ma è pure libertà di spostarsi e «di esercitare o non esercitare quel qualunque mestiere o professione piaccia al singolo, senza altri vincoli od impedimenti fuor di quelli richiesti dal diritto altrui di non essere danneggiato dall'operato nostro»[18].

Alla libertà pratica dell'uomo comune, alla libertà economica, la pandemia ha dato un colpo formidabile. Nell'anno del Covid, lo scambio internazionale si è ridotto del 10%: un'enormità, ma meno del 30% (un terzo!) stimato inizialmente dall'Organizzazione mondiale del commercio. Eravamo chiusi in casa, ma siamo riusciti a continuare a comprare – senza eccessive difficoltà – molti dei prodotti cui eravamo abituati. I governi erano preoccupati di perdere materiale medico necessario per la gestione degli ospedali sotto stress e provavano a evitare le esportazioni di tutta una serie di prodotti. Nello stesso tempo, cercavano anche di riportare a pieno regime le importazioni, per esempio, di mascherine dalla Cina. Ne è derivato uno strano equilibrio, che ha consentito che il commercio mondiale di beni ritornasse, già nel 2021, a superare il livello prepandemico.

I paesi che più hanno affrontato il Covid con misure di contenimento stringente hanno anche perso libertà economiche[19]. Come sempre nella storia dell'umanità, quando un'epidemia finisce non si vede l'ora di voltare pagina, e lo si fa cancellando i ricordi più sgradevoli. Ma gioverebbe avere un po' di memoria. Quando abbiamo visto i primi video di quanto stava accadendo a Wuhan, abbiamo pensato: qui non potrebbe mai succedere. Invece è successo. Se nell'autunno del 2019 vi avessero detto che il governo italiano vi avrebbe chiuso in casa per svariati mesi, impedendo ad alcuni di voi di lavorare, a tutti di uscire la sera, ai supermercati di vendere articoli di cancelleria, a chi aveva un cane di allontanarsi da casa di più di 250 metri quando lo portava a fare popò, ai fidanzati che vivevano in regioni diverse di andare l'uno a casa dell'altro, vi sarebbe parsa fantascienza. Sbagliavate, sbagliavamo. Tutt'ora, è un po' curioso, per usare un eufemismo, che si consideri un problema per la libertà Amazon, che ci portava la spesa a casa, e non invece chi ci ha chiuso in casa.

Stavamo combattendo con un virus sconosciuto, si è detto. Già l'uso del verbo è ingannevole: non stavamo «combattendo», ci stavamo prendendo, noi e il virus, le misure a vicenda, in una danza evolutiva che ci ha portato coi mesi a trovare un nuovo equilibrio[20]. Abbiamo considerato l'organismo umano e la società come macchinari, estremamente complicati, ma che gli esperti potevano riparare alla bisogna, dimenticando del tutto l'aspetto biologico ed evolutivo, che è meno compatibile con il bisogno di certezze. La metafora bellica è servita per alimentare un senso d'urgenza, di necessità, d'inevitabilità. Per accettare tutto.

Non ho scritto «farci accettare» perché non abbiamo meramente «*subito* queste restrizioni». Ne siamo stati protagonisti attivi, anzi qualcuno se le è proprio godute. Ha prevalso «la passione per avere il governo sugli altri»[21], ci siamo sentiti come fossimo tutti in uniforme, tutti autorizzati a dire al nostro prossimo come comportarsi. L'ansia ha contagiato più persone che il Coronavirus. Il sintomo più evidente è stata l'urgenza di abbandonare prassi e istituzioni tipiche della società aperta, nell'unanime convinzione che fossero d'ostacolo e non d'aiuto nell'affrontare l'emergenza sanitaria. Le regole che dovevano limitare e circoscrivere l'azione dei governi le abbiamo buttate via con slancio. Questo era ed è ancora più paradossale proprio se consideriamo che il virus era *sconosciuto*, che c'era bisogno di attivare risorse e cervelli contro una minaccia nuova. La libertà serve precisamente a quello: ad affrontare l'ignoto. Se tutto fosse routine, potremmo stare senza libertà economica. Ne abbiamo bisogno proprio per cercare di non soccombere all'imprevisto. Per la stessa ragione per cui è importante che i premi, in un'economia di mercato, dipendano in qualche misura dal caso: significa che riusciamo a utilizzare le nostre risorse, per venire alle prese coi cambiamenti.

Per fortuna la ricerca internazionale ha continuato a lavorare nel modo consueto: proponendo ipotesi, discutendole, provando a smentirle, diffondendole nel modo più efficiente e veloce. Senza che i singoli ricercatori dovessero fare riferimento a linee guida inderogabili di questa o quella struttura burocratica.

In Europa, un solo paese, la Svezia, aveva deciso di affidarsi a un mix di misure nelle quali contavano relativamente di più i comportamenti responsabili suggeriti agli individui, che le prescrizioni costrittive loro imposte. Nel merito, la giuria non si è ancora espressa. La scelta svedese è stata molto controversa ma, guardando al complesso della mortalità in eccesso negli anni 2020-2022, in Svezia è stata del 4,4% più alta che in precedenza[22]. La media europea è dell'11%. Ovviamente i fattori in gioco sono molti, dal modo in cui vengono contati i decessi (ricordate la querelle *di* Covid o *con* Covid?) all'efficienza dei sistemi sanitari e a caratteristiche demografiche e ambientali che incidono sulla mortalità. Col senno di poi, la strategia svedese, pur più rispettosa della libertà individuale, non appare avere avuto costi umani superiori ad altre. Il dottor Anders Tegnell, il volto dell'agenzia svedese di sanità pubblica di quei mesi, non è stato processato al tribunale dell'Aja.

La risposta che ci ha consentito di metterci alle spalle la pandemia è arrivata dal settore privato e della ricerca, coi vaccini, più che dalle cosiddette misure «non farmaceutiche». Se è vero che lo Stato americano ha fatto da banchiere a Big Pharma, anticipando fondi in vista dello sviluppo dei vaccini, è altrettanto vero che l'operazione «Warp Speed» non ha deciso quali tecnologie premiare: di scegliere i vincitori. Si usa anche sostenere che là dove gli interventi sono stati minimi e non ci sono stati tentativi di regolare i prezzi, per esempio nella produzione di amuchina e igienizzanti, il settore privato è stato in grado di accrescere abbastanza rapidamente la propria capacità produttiva.

Durante la pandemia, il dibattito pubblico ha rivelato una grande domanda di *assoluti*: di risposte immediate, imperative, indiscutibili. Il commento più frequente, quando il virus ha cominciato a circolare in Occidente, era che purtroppo non si poteva fare come in Cina. Le stesse prassi democratiche, il banale fatto che una norma deve passare per il necessario iter parlamentare che la conduce all'approvazione, venivano viste come un orpello troppo costoso quando il numero dei contagi saliva vertiginosamente. Le sedute parlamentari somigliavano troppo ad «assembramenti» per proseguire. Il governo italiano risolse coi famigerati dpcm.

Il problema ha implicazioni anche più generali. Quando ci sentiamo «in emergenza», siamo disponibili ad abbandonare il poco o il tanto che di libertà ci è rimasto. Il guaio è che il gusto di sentirci «mobilitati», il mettersi metaforicamente l'elmetto, ci fa sentire bene, rilascia endorfine.

Siamo in guerra, o si vince o si muore, per vincere vale tutto. È il fascino dell'entusiasmo rivoluzionario, dell'esperienza totalizzante di appartenere a un gruppo politico e combattere la buona battaglia fino alla fine. Solo, «mediato»: più che partita è tifo, più che guerra è spettacolo, abbiamo la coscienza in fiamme e lo sdegno ci fa correre le dita sulla tastiera. Partecipiamo con tutti noi stessi, ma preferibilmente da casa.

Trasformando problemi sicuramente importanti – dalla situazione geopolitica al cambiamento climatico – in altrettante «emergenze» si ripropone lo stesso schema. Il comportamento umano ha sicuramente avuto un impatto sul clima. Esso è però inseparabile dal progresso economico e tecnologico che abbiamo vissuto negli ultimi due secoli. Se, per assurdo, rinunciassimo a tutte le comodità che esso ha portato nella nostra vita, non riusciremmo comunque a riportare la temperatura del pianeta al punto di partenza. In più, su otto miliardi di abitanti ve ne sono quasi sei e mezzo che sono ancora lontani dal nostro benessere e ai quali non è facile spiegare che debbano abbandonare la possibilità di raggiungerli per evitare quelli che, misurati sull'orologio di un singolo individuo, sembrano effetti remoti.

La tecnologia ha già ridotto gli impatti ambientali di molte produzioni. Noi oggi non consumiamo di meno, ma inquiniamo di meno, di quanto facessimo una generazione fa. La preoccupazione per l'ambiente è tipica di società ricche, dove rappresenta anche una domanda di mercato. Sono molti i consumatori disponibili a pagare un po' di più per un prodotto che sia neutro, dal punto di vista delle emissioni, oppure realizzato con materiali di recupero (spesso più costosi di quelli che di recupero non sono). Possiamo provare ad adattarci al cambiamento climatico e a sviluppare tecnologie di «gestione del clima» utili a mitigarne gli effetti.

Non è chiarissimo che effetto facessero le preghiere della sera al Padreterno ma è abbastanza chiaro che alla Madre Terra interessa poco che noi passiamo i nostri venerdì a indossare metaforicamente il cilicio, annunciando che rinunceremo al nostro benessere in nome della «giustizia climatica». Ma questo è il registro prevalente nella comunicazione. Il fatto che le nostre aspirazioni rivoluzionarie siano relativamente languide, che il nostro sentiero luminoso non si snodi per impenetrabili foreste andine, non basta a insinuare nelle nostre parole il germe del dubbio e ci rende intollerabile chi ostenti distacco. Oggi è difficile, per esempio, mettere in dubbio che si debba costringere le persone ad accettare una sorta di obsolescenza coatta di beni e capitale che si pensa non debbano essere più utilizzati: a cominciare dall'automobile che debbono lasciare in garage. Questo significherebbe comprimerne i consumi. Qui entra in gioco lo Stato, promettendo di «mitigare» gli effetti negativi delle politiche climatiche. Come? Facendo spese, a debito, per ricostituire il «tesoretto» di risorse che abbiamo «scartato» per legge. Da dove verranno questi quattrini? Dalle tasche del contribuente. A meno che non si possa continuare a indebitarsi senza freno, finanziati dalle banche centrali. La coperta, comunque la si guardi, è troppo corta. Ci affidiamo, allora, al pensiero magico.

Qualcosa di simile è avvenuto con la guerra in Ucraina e poi con il drammatico riacutizzarsi dell'eterna questione israelo-palestinese. Abbiamo subito sgranato il rosario dell'indignazione, prendendo parte i più per gli uni, qualcuno per gli altri. Sono conflitti che noi guardiamo, per fortuna, a distanza e proprio questa distanza consentirebbe un po' di lucidità. La comunità internazionale dovrebbe preoccuparsi delle troppe vite spezzate e provare a riallacciare il dialogo. Ci sarà senz'altro chi ha torto e chi ha ragione, o chi ha un po' più di torto e chi un po' più di ragione. Ma la priorità dovrebbe essere far tacere i cannoni.

È improbabile che riusciremo mai a bandire la guerra dalle cose umane, ma possiamo provare a limitarne l'impatto. La grandiosa impalcatura del diritto internazionale a questo dovrebbe servire. Invece la guerra diventa un grande spettacolo, in cui riversare il nostro bisogno di appartenere, di sentirci parte di qualcosa di più grande.

Non è più solo il nazionalismo, come indicava Sumner, a renderci gradita l'erosione della nostra stessa libertà, perché guai a mettere in dubbio i nostri condottieri, ai quali «le nostre volontà debbono sottomettersi e rassegnarsi altamente». Abbiamo imparato a essere nazionalisti in conto terzi, a giustificare tutto, inclusa la soppressione dei partiti politici, le limitazioni della libertà di stampa, le bombe sugli ospedali, il terrorismo in paesi ostili, sull'altare della vittoria. Se possibile, evitiamo di contare le morti riconducibili ai governi per cui parteggiamo.

Nell'emergenza, tutto è possibile. Ma se tutto diventa emergenza, allora tutto è sempre possibile.

Emergenza sistemica

Nella *Teoria dei sentimenti morali*, Adam Smith parla di uomini animati «da spirito di sistema», che pensano «di poter sistemare i membri di una grande società con la stessa facilità con cui» sistemano i pezzi su una scacchiera, senza considerare che «nella grande società umana ogni singolo pezzo ha un principio di moto autonomo»[23]. Per Smith, lo spirito di sistema appare «in mezzo alla turbolenza e al disordine delle fazioni»[24], quando aumenta l'intensità politica dello scontro, quando si tende a *politicizzare* tutto. Se scrivesse oggi, direbbe: nell'emergenza.

Emergenza, per il dizionario, è una «improvvisa difficoltà, situazione che impone di intervenire rapidamente». Vi si risponde però con iniziative tutt'altro che episodiche, i cui effetti sono destinati a protrarsi negli anni a venire. Il tratto che le accomuna è proprio il tentativo di superare qualsiasi ragionamento sui *costi*. Se c'è da salvare il pianeta o la democrazia, del resto, chi mai perderà tempo con bagatelle contabili?

Il trasferimento di potere dalla società allo Stato aumenta nei momenti di crisi. Il tratto comune delle diverse risposte alle emergenze è che esse *si sommano* l'una all'altra, esattamente come le nuove spese emergenziali si sommano le une alle altre. Lo stesso vale per regole e istituzioni pensate per affrontare le situazioni straordinarie e che non vengono smantellate quando queste vengono superate. Sono passati più di vent'anni dall'11 settembre ma tutt'oggi non possiamo portarci una bottiglietta d'acqua nel bagaglio a mano in aereo (come facevano tranquillamente fino a quel giorno terribile). Nonostante le promesse, Guantanamo resta in attività.

Robert Higgs, basandosi su alcuni episodi americani dello scorso secolo, suggeriva come in parte i poteri emergenziali vengano abbandonati, a crisi conclusa, ma il complesso dei poteri pubblici (di cui la spesa è solo una componente) si assesta a un livello maggiore rispetto a prima dell'emergenza[25]. Oggi però le emergenze si susseguono apparentemente senza sosta e non c'è nemmeno il tempo di trovare un nuovo equilibrio. Alessandro Colombo sottolinea come «in una condizione storica nella quale alla fine di un'emergenza ne segue quasi sempre un'altra, le pratiche securitarie impiegate per la prima vengono semplicemente riorientate in vista della seconda, senza che ci sia o venga avvertita una rottura»[26]. Del resto, nessuno si lamenta più, se non può portare in aereo una bottiglia d'acqua, anche se nemmeno più si ricorda *perché* di preciso gli sia impedito.

Se i disastri ci incalzano uno dopo l'altro, non si può nemmeno pretendere di avere tempo per pensare. Al presentarsi di nuovi problemi e necessità, si reagisce con piani nei quali ogni tessera apparentemente combacia con l'altra. Non c'è questione che venga esaminata nelle sue dimensioni più modeste, magari *locali*, e che per questo possono diventare oggetto di una discussione informata almeno dall'esperienza diretta. Invece tutto viene pantografato, esploso sullo schermo più grande possibile, raccontato con toni epici, inserito nella dimensione dello scontro eterno fra bene e male.

Ci sono, nella storia, tempi nei quali davvero bisogna fare qualcosa «costi quel che costi». Sono momenti di sfide esistenziali per una società, esistenziali proprio nel senso che c'è in ballo la sua esistenza. In quelle circostanze, il pluralismo è sospeso e un solo giudizio di valore, un solo obiettivo, diventa la guida di tutti. Ma, per nostra fortuna, il nostro giorno della marmotta non è la battaglia di Stalingrado.

Nella stragrande maggioranza dei casi le scelte collettive riguardano questioni molto più minute, nelle quali è perfettamente sensato provare a soppesare benefici e costi delle scelte che ci troviamo innanzi. Farlo dovrebbe essere non l'eccezione ma la regola quando si discute dei soldi (o, peggio, della vita) degli altri: quando si ragiona di trasformare altro potere sociale in potere politico. Il ricorso al vocabolario dell'emergenza taglia la testa al toro. Serve a evitare qualsiasi ragionamento di merito, si fonda sul rifiuto persino di considerare ciò che si va a perdere, per raggiungere un certo obiettivo.

Eppure, come ammonisce saggiamente Lao-Tzu, «Governare un grande paese è come far cuocere dei pesciolini»[27].

Bisognerebbe mantenere un po' di concretezza. Su questa terra non esistono *Soluzioni*: solo *trade off*. Vale persino per la questione climatica: quanto riscaldamento siamo disposti ad accettare in cambio di ulteriore sviluppo? E a quanto sviluppo siamo disposti a rinunciare in cambio di un rallentamento del cambiamento climatico? È una domanda che suona molto diversa, se posta a una società ricca e anziana come la nostra, o a paesi giovani e poveri.

Ripensiamo al Covid. Chiusure più prolungate e più rigorose avranno senz'altro prodotto risultati positivi nel contenimento del contagio; tuttavia, è improbabile che la medaglia non avesse il suo rovescio. Ci sono stati costi economici, in parte compensati attraverso l'intervento pubblico: le attività che non potevano operare non potevano neanche fatturare. Ma anche costi psicologici, costi sanitari legati alle malattie non-Covid trascurate così come alla maggiore sedentarietà e alle mutate abitudini, costi in termini di una minore socialità per i ragazzi, tassi di apprendimento inferiori fra studenti le cui lezioni erano state traslocate «on line» e, di conseguenza, minore accumulazione di capitale umano. A un beneficio (contagi più bassi) corrispondono costi con dimensioni e caratteristiche molto diverse. È bello sguainare la propria scimitarra retorica, dire che siamo in tempi eccezionali, fare il paragone con la guerra e partire lancia in resta: costi quel che costi. Poi, un bel giorno, con quei costi bisognerà pur farci i conti.

Figurarsi se qualcosa di simile non vale anche per questioni i cui effetti sono più circoscritti. Per stare a temi di stretta attualità nell'Italia del Pnrr, «centrare l'obiettivo di costruire un certo numero di chilometri di ferrovie non significa automaticamente che quelle linee ferroviarie siano un buon uso del denaro pubblico; spendere miliardi per digitalizzare le scuole non significa che questo sia il modo migliore di aiutare gli studenti»[28]. La logica che si sta imponendo, in questi ultimi anni, è quella per cui qualsiasi trasferimento di risorse dal privato allo Stato implichi una resa migliore, di quelle risorse, per la società tutta.

Questo *storytelling* ha curiose applicazioni retrospettive. Chi lo adotta finisce per usarlo come schema per interpretare il mondo, indipendentemente dalle sfumature delle circostanze.

Per esempio: va di moda sostenere che sia stata un'ipotetica «austerità» d'inizio secolo a causare l'avvento dei totalitarismi. La logica del racconto è a suo modo coerente: la pace sociale si «compra» con maggiore redistribuzione, ovvero con più spesa pubblica. Che poi significa: trasferimenti di potere e risorse, dalla società allo Stato, sono l'unico modo sicuro per pacificare una società, senza che l'esistenza di disuguaglianze a ragione o a torto percepite come profonde accenda la miccia della protesta. Il ragionamento, per inciso, sarebbe più verosimile se i suoi campioni non lo riproponessero variando la pace sociale con il futuro dell'ambiente o lo stesso sviluppo economico. Se il trasferimento di potere e risorse dalle persone allo Stato è la soluzione di tutto, forse non è la soluzione di nulla.

Il periodo immediatamente successivo alla Prima guerra mondiale è stato segnato da forti tensioni. Il ritorno in patria dei reduci produsse un terremoto sociale. In parte, costoro erano stati feriti, mutilati, soffrivano di quello che oggi si chiama «stress post-traumatico»: facevano fatica, cioè, a ritornare al loro posto nella quotidianità e nella produzione. In parte, in guerra avevano sperimentato l'accensione di quello che Jonathan Haidt ha chiamato «l'interruttore dello sciame»[29]. L'ebbrezza di sentirsi parte di qualcosa di più grande. La vita militare, con le sue durezze, aveva dato loro una tale scossa di significato che volevano che la vita civile le somigliasse. C'è una costante in tutti i regimi autoritari: l'abolizione dell'abito civile, a vantaggio dell'uniforme.

La miopia delle classi dirigenti di allora, ossessionate dalla necessità di pareggiare i bilanci, le rese cieche davanti a questi problemi? Quelle società si sarebbero difese meglio, se avessero accelerato il trasferimento di potere dalla società allo Stato, accrescendo la spesa?

A dire il vero, la spesa pubblica aumenta vistosamente fra l'inizio e la fine della Prima guerra mondiale, sia in Italia che in Germania: nel nostro paese passa dal 17,1 al 30% del Pil, in Germania dal 14,8 al 25%. C'è chi indica nella Repubblica di Weimar (peraltro governata da partiti di orientamento socialdemocratico, ma si sa che i socialdemocratici, per la sinistra contemporanea, sono neoliberisti fino a prova contraria...) il periodo nel quale lo strangolamento della spesa sociale ha alimentato la futura base elettorale del nazismo. Ma nel 1925 la spesa pubblica in Germania è sempre il 25% del prodotto e arriva al 36,6% nel 1932, l'anno prima che Hitler giunga al potere (nel 1938, dopo cinque anni di nazismo, sarà il 42,2% del Pil).

Due economisti che hanno studiato approfonditamente la questione suggeriscono che quello che avvenne nella Germania dell'iperinflazione fu semmai la scomparsa dell'economia privata, con l'impresa pubblica che arrivò a pesare per il 60% della produzione[30]. Se ci piace chiamarla «austerità»...

Paradossalmente, gli unici paesi nei quali nello stesso periodo la spesa crebbe a tassi più moderati furono la Svezia, dove passò dal 10,4% nel 1913 al 10,9% nel 1920 e al 16,5% nel 1937, e gli Stati Uniti nei quali, nonostante l'impegno bellico e poi il New Deal rooseveltiano, salì rispettivamente dal 7,5% al 12% al 19,7% del prodotto[31]. Da allora, ovviamente, il trend è proseguito e anzi è accelerato. In quasi tutti i paesi, con governi di destra così come di sinistra. I leader politici che hanno promesso di ridurre la spesa, in tutto l'Occidente, si contano sulle dita di una mano. Destra/sinistra, in questo, fa poca differenza.

Eppure, quale che sia il problema, la soluzione risiede in *più spesa pubblica*. Chi può metterlo in dubbio? Negli Stati dell'Europa contemporanea, la spesa pubblica, le risorse trasferite al potere statale, contano per circa la metà del prodotto. Qualche anno fa ci ponevamo il problema della *spending review*: cioè di accertarci di quanto quelle risorse fossero spese bene, di quanto almeno si avvicinassero a centrare gli obiettivi indicati. Se la spesa per questo o quel tipo d'intervento continua ad aumentare, e nello stesso tempo le persone sono più insoddisfatte, si sentono disarmate innanzi ai problemi, chiedono ulteriori interventi, il minimo è domandarsi se quei soldi sono stati spesi bene. Non, badate bene, per ridurre lo stock delle spese, ma almeno per calmierarne i tassi di crescita. In questo è consistita la cosiddetta «austerità». La spesa pubblica in generale, e questi livelli di spesa pubblica in particolare, sono diventati valori non negoziabili. Tutta la spesa pubblica reale è razionale.

Ciò presuppone, come già detto, la tesi implicita della superiorità intellettuale dei signori che si fanno chiamare «lo Stato» rispetto a tutti gli altri. Senza neppure ammettere che, per quanto più intelligenti di tutti noi, anche loro fanno parte di network di relazioni. Anche loro hanno degli amici. E dunque la spesa può prendere, per carità, sia le strade disegnate dalla razionalità del decisore pubblico, che altre. Quelle magari suggerite dalle sue relazioni. O quelle rese necessarie dal complesso gioco del consenso.

È curiosa una riflessione pubblica nella quale c'è molto interesse, anche un po' voyeuristico, sul ruolo delle «lobby» salvo dimenticare ciò che le lobby fanno – cioè cercare di ottenere risorse – e sul perché possono farlo ovvero sul controllo che su quelle risorse esercita chi gliele può sfornare. Meno è esteso il raggio dell'intervento pubblico e meno contano le lobby. Più pesa il potere sociale rispetto al potere politico e inferiore è l'incentivo a manovrare quest'ultimo.

Il trasferimento di risorse e potere dalla società allo Stato viene spesso fatto coincidere con la necessità di affrontare disagio sociale e sofferenza. La sofferenza fa purtroppo parte dell'esperienza umana e ha dimensioni diverse, che spesso sfuggono a obiettivi e funzioni amministrative. Possiamo cercare di ridurre la povertà, aprendo la strada allo sviluppo. Ma i poveri, lo sappiamo, li avremo sempre con noi. L'articolazione burocratica della lotta al bisogno, lo Stato sociale, difficilmente si trova a confronto con la povertà estrema. Coloro che vivono in strada o nella miseria più abietta difficilmente hanno il tempo e i documenti necessari per richiedere l'aiuto *x* o il sussidio *y*. Ciò non significa che questi ultimi non siano utili a chi li percepisce. Forse, però, i più bisognosi non arrivano a bussare a quella porta.

Costoro sono tipicamente assistiti da esponenti di quelle microcomunità che coesistono nella grande cornice della società libera. «Comunità di senso», che siano articolazioni della Chiesa cattolica o di altre confessioni cristiane, o associazioni nelle quali il servizio al prossimo aggiunge significato alla vita di chi vi partecipa. Non è per un salario che una persona decide di passare i suoi sabato sera alla Stazione centrale di Milano, o in un ricovero per senza tetto, o se è per questo a soccorrere la randagia malmenata. Questi comportamenti, così ammirevoli, hanno poco a che fare con la politica e richiedono virtù – la dedizione, una convinzione granitica nella moralità delle proprie azioni, l'amore per il prossimo – sulle quali una società libera ha un solo comandamento: non vanno imposte per legge a nessuno. Sono questioni sulle quali la tradizione liberale fa bene a scegliere un silenzio pudico, scommettendo che la società aperta saprà stimolare la nascita di associazioni, di forme di volontariato, di progetti di vita orientati agli altri. Si tratta di cose che da una società aperta ci si può aspettare, ma che non le si può chiedere di produrre, all'interno di un «sistema» ordinato a priori. Parafrasando un artista molto amato dall'altro autore di questo libro, se vuoi amare la libertà tu non le chiedere quello che non può dare.

Salvare il salvabile, almeno nella nostra testa

Il futuro è incerto per definizione, di questi tempi sembra anche minaccioso. Non sta a un libro fendere la nebbia e indicare chissà quale via. Queste pagine sono state un tentativo di individuare alcuni pericoli per la libertà individuale, che per molti di noi non è necessariamente la cosa più importante e nemmeno il «fine politico più alto»[32]. La riflessione che propongono, me ne rendo ben conto, è tutta introflessa: riguarda la nostra libertà e noi, il nostro modo di pensarla. È proprio quest'ultimo, siamo proprio noi a metterla in pericolo.

La libertà non è tutto nella vita delle persone e non è neanche cose diverse da essa. Non è la pace. Non è la sicurezza. Il liberalismo ha cercato di fare della libertà la misura di tutte le cose *in politica*. Val la pena ripeterlo: non esistono soluzioni, solo *trade off*. Risolvendo alcuni problemi, è probabile che se ne creino degli altri. La tradizione liberale non dà ricette sulla vita buona, suggerisce soltanto di non chiederle all'autorità politica. Comprende anche che la libertà può essere vissuta con ansia e che, per quanto grandi i benefici sociali possano essere, a livello individuale può essere presa come una maledizione.

Per questo, l'unica conclusione che queste pagine possono avere è, me ne rendo conto, molto deludente e prende la forma di una petizione di principio. Oppure puoi considerarla come la richiesta di un piccolo sforzo, a te lettore che sei arrivato fino a questo punto. So che ti aspetteresti un vaticinio o una profezia, gli intellettuali si dilettano con gli uni e con le altre, di solito al prezzo del ridicolo. Invece, ti tocca un appello.

Lo *storytelling* oggi prevalente inserisce ogni problema nel *frame* dell'emergenza. L'idea che i problemi non abbiano necessariamente «soluzioni», ma debbano essere affrontati in una logica di mitigazione del danno, cercando di circoscriverne gli effetti negativi, è totalmente uscita dal dibattito pubblico.

Torniamo all'interrogatorio finale di *Codice d'onore*. «Siamo in pericolo?». «Grave pericolo?». «Ce n'è forse d'altro genere?». Per il colonnello Jessep è sempre questione di vita o di morte, per questo lui sta assiso su quel muro.

Il tempo delle notizie è scandito da pericoli tutti gravissimi, da urgenze improcrastinabili, da mobilitazioni incombenti.

È questo ormai il linguaggio dei formatori dell'opinione pubblica, degli influencer, degli intellettuali, delle grandi università americane dove impera la cultura *woke*. I problemi si scarnificano, si semplificano nella loro narrazione e nello stesso tempo si esagerano nella loro portata. Così gli ideali diventano mappe che dovrebbero aiutarci a navigare la realtà ma fanno l'opposto. Chi si azzarda ad avere opinioni diverse viene messo alla berlina, ricorrendo a tattiche che somigliano a quella del vecchio polilogismo marxista: se è la condizione sociale a determinare il modo di pensare di un individuo, non c'è nulla da imparare da chi è «borghese», «ricco», «bianco», eccetera. L'opposizione intellettuale non fornisce argomenti da confutare ma solo una radiografia del privilegio. L'esito è naturalmente quello di sostenere ulteriori travasi di potere dalla società allo Stato.

Il modesto appello di questo pezzo di libro è: per favore, prima di partire per la prossima crociata, ricominciate a confrontare coi benefici i costi. Lo si farebbe meglio su dimensioni di governo modeste, prendendo le questioni nelle loro dimensioni locali e circoscritte. In altri termini, avvicinando il momento della decisione ai singoli cittadini: se il potere deve passare da loro allo Stato, almeno sia a livello di comuni o regioni, in una dimensione nella quale gli elettori riescono a prendere le misure della realtà. Uno dei propellenti del cosiddetto «populismo» è proprio questo senso di estraneità al momento della decisione, inevitabile man mano che il potere di decidere si allontana da terreni usuali per spostarsi, per esempio, in seno alle grandi istituzioni internazionali.

Ma queste conclusioni non vogliono proporre tentativi di ingegneria istituzionale, per quanto auspicabile sia un'articolazione più pluralistica dei poteri pubblici, che contribuisca a emancipare la periferia dal centro. A parità di peso dello Stato nella società, meglio se quello Stato è più vicino ai cittadini: così che ne accerti meglio i bisogni e sia più facile verificare come si comporta.

L'appello è a ciascuno. Non riguarda un possibile compromesso, una via di mezzo. Jim Hightower, un politico texano, una volta disse: in mezzo alla strada non c'è nulla se non una linea gialla e un armadillo morto. I compromessi spettano alla politica, a noi tocca provare a ragionare.

Per salvare il salvabile della società libera, bisogna cominciare dal modo in cui pensiamo.

Cerchiamo di ragionare non in termini di benefici ipotetici, quando discutiamo di questioni tanto più grandi di noi. Non proviamo a salvare il mondo una volta a settimana. Proviamo a uscire dal languore di quel bovarismo guevarista in cui naufragar c'è dolce, psicologicamente confortati dall'orgoglio di opporci alla fine del mondo.

Anche la più rudimentale analisi costi-benefici è meglio della sua assenza. Non possiamo compulsare decine di recensioni su Tripadvisor quando c'è da acquistare un cono gelato, sfogliare pagine e pagine di stelline su Amazon prima di acquistare un libro, e poi andare col pilota automatico ogni volta che c'è da spostare risorse e potere dalla società allo Stato.

Impariamo di nuovo a guardare ai benefici attesi, ma anche a soppesare i costi. Bisogna adottare un criterio di scelta. Ce n'è uno, che per circa un centinaio di anni è stato al centro delle speculazioni degli economisti. Assumendo che tutti vogliano perseguire un maggiore benessere, se l'obiettivo è raggiungere un equilibrio migliore, vanno intraprese quelle azioni che possono far avanzare la condizione di almeno un membro della società, senza peggiorare quella di nessuno. Prima di salire in montagna un'altra volta (sempre metaforicamente, perché saliamo in montagna dal nostro salotto), proviamo a considerare che, pur nella differenza di opinioni e condizioni, tutti vogliono migliorare le proprie condizioni e pochi si pongono l'obiettivo di peggiorare quelle altrui. Non è detto che sia sempre preferibile «fare qualcosa» purchessia. Quando parliamo di come gestire i soldi e la vita di tutti, quando ragioniamo di come maneggiare l'oggetto strano e pericoloso che chiamiamo «Stato», chiediamoci se e come quello che vogliamo fare possa produrre davvero quel tipo di miglioramento.

Perché un'analisi siffatta serva a qualcosa, dobbiamo essere consapevoli dei limiti delle politiche. Non sono limiti che possano essere scavalcati semplicemente affidandosi a degli «esperti». Quando ci sono in ballo questioni così ampie, i *trade off* sono moltissimi e non sempre le conseguenze di un'azione possono essere messe a fuoco immediatamente. È meglio usare i dati come mappa della società, come fanno gli esperti, che i propri ideali, come fanno gli attivisti. Ma la mappa comunque non è il territorio. Le conoscenze degli esperti sono sempre incomplete. La tradizione liberale assegna una preferenza alla libertà proprio perché quest'ultima, imperfetta come tutte le cose, serve però alla società per adattarsi più facilmente a shock e cambiamenti. Le forme che prende questo adattamento saranno per forza diverse da qualsiasi «modello».

Una società aperta può persino erigere un muro, rinunciare a un pezzo di libertà, ma dovrebbe farlo in presenza di prove persuasive che l'edificio davvero pende in una certa direzione e va puntellato.

Magari effettivamente le condizioni sono tali che abbiamo bisogno di ancora maggiori trasferimenti di potere dalla società allo Stato. Può essere. Ma non sarebbe meglio decidere sulla base di argomenti, e non di sermoni? Così si conclude questa predica, serenamente inutile.

note

1 Lord Shaftesbury, *Sensus Communis: An Essay on the Freedom of Wit and Humour. In a Letter to a Friend*, London, Egbert Sanger, 1709; trad. it. *Sensus communis. Saggio sulla libertà di spirito e di umorismo*, a cura di G. Bruni Rocca, Roma, Bulzoni, 2006, p. 119.

2 D. Hume, *A Treatise of Human Nature*, London, John Noon, 1739-40; ; trad. it. *Trattato sulla natura umana*, a cura di P. Guglielmoni, Milano, Bompiani, 2001, p. 959.

3 S. Zweig, *Die Welt von Gestern. Erinnerungen eines Europäers*, Stockholm, Bermann-Fischer Verlag, 1942; trad. it. *Il mondo di ieri. Ricordi di un europeo*, Milano, Mondadori, 2010, p. 9.

4 E. Hoffer, *The Ordeal of Change* (1952), Titusville, N.J., Hopewell, 2006, p. 31.

5 J. Brodskij, *The Condition We Call «Exile»*, Wheatland Conference, Wien, 1987; trad. it. *La condizione che chiamiamo esilio*, in Id., *Profilo di Clio*, Milano, Adelphi, 2003, p. 55.

6 I. Berlin, *Two Concepts of Liberty: An Inaugural Lecture Delivered before the University of Oxford on 31 October 1958*, Oxford, Clarendon, 1958; trad. it. *Due concetti di libertà*, Milano, Feltrinelli, 2000, p. 72.

[7] R. Nozick, *Anarchy, State, and Utopia*, New York, Basic, 1974; trad. it. *Anarchia, Stato e utopia*, Firenze, Le Monnier, 1981, p. 335.

[8] L'ultimo libro di Bruni è una puntuale ricognizione delle politiche monetarie degli ultimi dieci anni. F. Bruni, *Oltre le Colonne d'Ercole. Ripensare le regole della politica monetaria*, Milano, Egea, 2023.

[9] J.S. Mill, *On Liberty*, London, Parker, 1859; trad. it. *Sulla libertà*, prefazione di G. Giorello e M. Mondadori, Milano, il Saggiatore, 1997, p. 65.

[10] W.G. Sumner, *The Conquest of the United States by Spain*, Boston, Mass., Estes, 1899, p. 3.

[11] *Ibidem*, p. 16.

[12] *Ibidem*, p. 7.

[13] D. Stafford, *Churchill and Secret Service*, New York, Overlook, 1998, p. 257.

[14] J. Gray, *The New Leviathans: Thoughts after Liberalism*, London, Allen Lane, 2023, p. 21.

[15] Più probabilmente, la straordinaria crescita economica degli ultimi trent'anni si deve al tanto o al poco di capitalismo che in Cina è filtrato attraverso le finestre socchiusegli da Deng Xiaoping. Sul tema, si veda R. Coase e N. Wang, *How China Became Capitalist*, London, Palgrave Macmillan, 2012; trad. it. *Come la Cina è diventata un paese capitalista*, Torino, IBL Libri, 2016.

[16] Fraser Institute, *Economic Freedom of the World*, www.fraserinstitute.org/economic-freedom.

[17] V.S. Grossman, *Vsë tecët…*, Frankfurt a.M., 1970; trad. it. *Tutto scorre…*, Milano, Adelphi, 2011, p. 96.

[18] L. Einaudi, *Chi vuole la libertà*, in «Corriere della Sera», 13 aprile 1948; anche in Id., *Il buongoverno. Saggi di economia e politica (1897-1954)*, a cura di E. Rossi, Roma-Bari, Laterza, 2004, p. 104.

[19] V. Miozzi e B. Powell, *Measuring economic freedom during the Covid-19 pandemic*, in «Journal of Institutional Economics», Free Market Institute Research Paper No. 4212755, 2002, disponibile su https://ssrn.com/abstract=4212755.

[20] L'articolo più illuminante e sfortunatamente meno compreso su quel che stava avvenendo resta quello di G. Corbellini, *La pandemia non è hegeliana, ma darwiniana*, in «Scienza in rete», 5 aprile 2020, disponibile su www.scienzainrete.it/articolo/pandemia-non-hegeliana-ma-darwiniana/gilberto-corbellini/2020-04-05.

[21] J.S. Mill, *Considerations on Representative Government*, London, Parker, Son, and Bourn, 1861; trad. it. *Considerazioni sul governo rappresentativo*, a cura di M. Prospero, Roma, Editori Riuniti, 1997, p. 68.

[22] A. Björkman, M. Gisslén, M. Gullberg e J. Ludvigsson, *The Swedish Covid-19 approach: A scientific dialogue on mitigation policies*, in «Front Public Health», 11, 2023, 1206732, disponibile su www.ncbi.nlm.nih.gov/pmc/articles/PMC10399217.

[23] A. Smith, *The Theory of Moral Sentiments*, London, Millar, 1759; trad. it. *Teoria dei sentimenti morali*, Milano, Rizzoli, 1995, p. 460.

[24] *Ibidem*, p. 458.

[25] R. Higgs, *Crisis and Leviathan: Critical Episodes in the Growth of American Government*, 25ª ed. celebrativa, Oakland, Calif., Independent Institute, 2012.

[26] A. Colombo, *Il governo mondiale dell'emergenza*, Milano, Cortina, 2023, p. 155.

[27] Lao-Tzu, *Tao tê ching. Il Libro della Via e della Virtù*, traduzione di A. Devoto, Milano, Adelphi, 1994, LX, p. 138.

[28] T. Boeri e R. Perotti, *PNRR. La grande abbuffata*, Milano, Feltrinelli, 2023, p. 189.

[29] J. Haidt, *The Righteous Mind: Why Good People Are Divided by Politics and Religion*, New York, Pantheon/Random House, 2012; trad. it. *Menti tribali. Perché le brave persone si dividono su politica e religione*, Torino, Codice, 2013, pp. 251-276.

[30] S. Andic e J. Veverka, *The growth of government expenditure in Germany since the unification*, in «FinanzArchiv/Public Finance Analysis», 23, 2, 1963-64, p. 163.

[31] V. Tanzi e L. Schuknecht, *Public Spending in the 20th Century: A Global Perspective*, Cambridge, Cambridge University Press, 2000, p. 6.

[32] Lord Acton, *The history of freedom in Antiquity* (1877), in Id., *The History of Freedom and Other Essays*, a cura di J.N. Figgis e R.V. Laurence, London, Macmillan, 1907; trad. it. *La storia della libertà nell'antichità*, in *Storia della libertà*, a cura di E. Capozzi, Roma, Ideazione, 1997, pp. 49-78 (p. 70 per la citazione).

Per proseguire

Suggerimenti di lettura

di E. Felice

Ieri

Thomas Hill Green, nell'Inghilterra vittoriana, ridefinisce l'etica liberale in opposizione al darwinismo sociale, grazie a una visione relazionale della persona umana e della sua felicità che conduce all'utilità sociale della proprietà e al bene comune. Di più: le istituzioni devono promuovere la libertà umana e, per questo, lo Stato non deve solo lasciar fare ma può intervenire, a volte, per contrastare il potere economico dei privati o per promuovere i diritti sociali. Green ci lascia a 45 anni: le sue opere più importanti saranno pubblicate postume e avranno un'enorme influenza sui liberali inglesi fra Otto e Novecento. In Italia i suoi *Prolegomena to Ethics* (1883) vengono tradotti solo nel 1925, quando ormai il fascismo è regime e la stagione della sinistra liberale, da Giolitti a Nitti, si è chiusa per sempre.

In *Le nuove frontiere della giustizia* (2006), Martha Nussbaum estende la riflessione del filosofo liberale John Rawls, al quale il libro è dedicato, a tre casi in cui la visione contrattualistica entra in crisi perché i soggetti non sono «liberi, eguali e indipendenti»: le persone con disabilità, i migranti, gli animali non umani. L'impasse si può superare grazie all'approccio delle capacità, già proprio di Amartya Sen e già da Nussbaum esteso alle tematiche di genere. Se Green è il punto di partenza, Nussbaum, in fondo, è il punto di arrivo.

«Che la storia conduca al regno dei diritti dell'uomo anziché al regno del Grande Fratello, può essere oggetto soltanto di un impegno», scrive Norberto Bobbio in *L'età dei diritti* (p. 266). Un impegno morale, per il quale la funzione della storia «non è conoscitiva ma ammonitiva, esortativa, o soltanto suggestiva» (p. 48). Messa così, *L'età dei diritti* non è invecchiato male, anzi. A più di trent'anni, certo, se nuovi diritti si sono aggiunti, altri che davamo per scontati appaiono in discussione. Ma nel complesso, oggi, possiamo ancora dire di essere nell'età dei diritti? E dalla risposta, che conclusioni trarne? Quale può essere il nostro impegno, che dall'etica muove all'economia e alla politica?

T.H. Green, *Prolegomena to Ethics*, Oxford, Clarendon, 1883, opera postuma a cura di A.C. Bradley; trad. it. *Etica*, traduzione e introduzione di C. Goretti, Torino, F.lli Bocca, 1925.

M. Nussbaum, *Frontiers of Justice: Disability, Nationality, Species Membership*, Cambridge, Mass., The Belknap Press of Harvard University Press, 2006; trad. it. *Le nuove frontiere della giustizia. Disabilità, nazionalità, appartenenza di specie*, Bologna, Il Mulino, 2007.

N. Bobbio, *L'età dei diritti*, Torino, Einaudi, 1990.

Oggi

In *Potere e progresso* (2023) gli economisti Daron Acemoğlu e Simon Johnson ci ricordano come, nella storia, il miglioramento materiale non abbia automaticamente condotto al progresso, cioè alla distribuzione dei benefici e alla crescita dei diritti: l'esito è dipeso dalle nostre scelte, politiche; e questo vale ancora di più oggi, nell'era dei *big data*, dell'automazione, dell'intelligenza artificiale. Attenzione, insomma, a cullarci in un ottimismo acritico: per avere i diritti molto spesso bisogna lottare.

Un esempio è quello che è successo negli Stati Uniti. In *La coscienza di un liberal* (2007) Paul Krugman ripercorre la storia recente degli Stati Uniti e mostra come l'aumento delle disuguaglianze degli ultimi decenni sia dovuto alle idee e alle politiche neoliberali di smantellamento del *welfare State*, molto più che a fattori esterni come il cambiamento tecnologico e la globalizzazione. Per rimediare, da liberale (o da *liberal*) propone un nuovo *New Deal*, cioè una nuova stagione di intervento pubblico. Il libro è scritto prima della crisi del 2008: prima cioè che queste cose cominciassero a dirle in tanti.

E in Italia? Il manifesto del Nuovo liberalismo è in fondo *La rivoluzione liberale* di Piero Gobetti (1924). Non fraintendiamola: è una rivoluzione che passa per la lotta di classe, per battaglia politica che si fa battaglia sociale, a partire dall'alleanza con il movimento operaio. Come ogni rivoluzione. Quanto all'Italia di oggi, poi, si rileggano le pagine sulla tassazione, o sull'importanza dell'istruzione, o sulla legge elettorale proporzionale. Gobetti morì a soli 24 anni, nel 1926, per le violenze dei fascisti. Undici anni dopo, anche Rosselli sarà ucciso dai fascisti, a 38 anni. La storia d'Italia, e dei liberali italiani, sarebbe stata diversa se il fascismo non si fosse incaricato di eliminare le due personalità più brillanti del liberalsocialismo?

D. Acemoğlu e S. Johnson, *Power and Progress: Our Thousand-Year Struggle over Technology and Prosperity*, London, Basic, 2023; trad. it. *Potere e progresso. La nostra lotta millenaria per la tecnologia e la prosperità*, Milano, il Saggiatore, 2023.

P. Krugman, *The Conscience of a Liberal*, London, Norton, 2007; trad. it. *La coscienza di un liberal*, Roma-Bari, Laterza, 2008.

P. Gobetti, *La rivoluzione liberale. Saggio sulla lotta politica in Italia*, Bologna, Cappelli, 1924 (poi ristampato da Einaudi).

Domani

Che c'entra Nietzsche con il liberalismo? Nulla. Ma *La gaia scienza* (1882) è il libro, profetico, che per la prima volta descrive la vertigine in cui siamo precipitati, proprio grazie alla nostra libertà. Dio è morto, nessuna morale ha più senso, la scienza libera ci spiega che non siamo che un insignificante frammento alla deriva, in un universo sterminato e folle. Questo è il risultato delle magnifiche sorti e progressive, che il liberalismo cantava: che beffa! La *Gaia scienza* suscita brividi di terrore. Sembra anticipare le guerre mondiali, l'Olocausto, l'apocalisse nucleare: sembra anticipare qualunque mostruosità la potenza umana potrà mai partorire. E ne gioisce, perfino, ne gode! Si rilegga l'aforisma 377: «Noi non siamo assolutamente liberali, non lavoriamo per il progresso, non abbiamo bisogno di turarci le orecchie contro le sirene avveniristiche del mercato – quello che esse cantano, "parità di diritti", "società libera", "non più padroni e non più servi", non ci attira! –, non riteniamo assolutamente auspicabile che si fondi sulla terra il regno della giustizia e della concordia». E quanto all'umanità, ebbene: «C'è mai stata una vecchia più orribile fra tutte le femmine vecchie?». Ecco. Le profezie esaltate e sconvolgenti della *Gaia scienza* aiutano a capire, per rovescio, perché sia tanto importante, proprio oggi, questa piccola invenzione del pensiero liberale che chiamiamo «diritti umani».

Molti romanzi, distopici, paventano i rischi dello sviluppo tecnologico per la nostra libertà. *Kallocaina*, scritto dalla svedese Karin Boye, uscì nel 1940, quando l'Europa era dominata dai totalitarismi, dal nazismo e dallo stalinismo. Lei morì poco dopo, suicida. Otto anni dopo di *Brave New World*, otto anni prima di *1984*, con cui *Kallocaina* ha molte somiglianze, fra cui la delazione e la sottomissione dell'individuo allo Stato, e qualche differenza: il siero della verità, per esempio, che costringe a rivelare i propri pensieri. La tecnologia arriva a controllare le nostre coscienze, addirittura, ogni diritto viene annientato. C'è il rischio che si avveri?

La peste di Camus è il nazismo: una peste dell'anima, di cui nemmeno ci accorgiamo, concentrati come siamo nel lavoro e negli affari. Il rimedio, suggerisce Albert Camus, è la solidarietà umana. Con quest'opera l'esistenzialismo fa un salto di qualità, rompendo il guscio individualista. È forse la nostra libertà insieme agli altri, a dare senso all'assurdo della vita? Oggi che stiamo vivendo la più grande estinzione di specie viventi dai tempi dei dinosauri, e facciamo finta di non saperlo; che ogni anno mandiamo al macello miliardi di animali fra i più intelligenti e sensibili, dopo averli tenuti in catene, e anche questo facciamo finta di non saperlo; e che rischiamo concretamente di usare l'enorme potenza tecnologica per annientare i diritti e distruggere noi stessi, proprio come ai tempi del nazismo o delle guerre mondiali: qual è la trama delle scelte che dobbiamo comporre, per poter credere che vi sia un significato nella nostra vita, e nella nostra storia, per orientarci in quest'universo magnifico e spaventoso?

F. Nietzsche, *Die fröhliche Wissenschaft*, Chemnitz, Schmeitzner, 1882; trad. it. *La gaia scienza*, traduzione di S. Giametta, Milano, Rizzoli, 2004.

K. Boye, *Kallocain. Roman från 2000-talet*, Stockholm, Bonnier, 1940; trad. it. *Kallocaina*, introduzione di B. Alinei, Milano, Iperborea, 1993.

A. Camus, *La Peste*, Paris, Gallimard, 1947; trad. it. *La peste*, Milano, Bompiani, 2017.

Suggerimenti di lettura

di A. Mingardi

Ieri

Di introduzioni al pensiero liberale ve ne sono molte ma poche sono scritte con la chiarezza di *Liberalismo* (1927) di Ludwig von Mises. Mises è stato uno dei maggiori pensatori del Novecento: a pochi mesi dalla Rivoluzione d'ottobre, comprese come il socialismo sarebbe crollato sotto il peso delle sue contraddizioni e scrisse un saggio sul calcolo economico nelle economie pianificate che aprì quello che forse è il più interessante dibattito del secolo. Come molti grandi, da Vincent van Gogh a Friedrich Nietzsche, fu assai sfortunato e non ebbe mai una buona posizione accademica. *Liberalismo* è un testo scritto con intento divulgativo, e per difendere idee che avvertiva essere già sotto assedio.

Hans Rosling, in un libro di qualche anno fa, da una parte ci ha raccontato gli straordinari progressi delle nostre società, dall'altra ci ha spiegato i pregiudizi e le scorciatoie di pensiero che ci inducono a non prenderne atto. *Factfulness* (2018) può non essere aggiornato ai dati più recenti, ma è un saggio che aiuta a pensare.

Arcipelago liberale (2003) di Chandran Kukathas non è un libro semplice. È però un libro importante. Tolleranza e libertà di associazione sono i pilastri dell'ordine politico liberale. La metafora dell'arcipelago induce a pensare alle diverse comunità cui possiamo scegliere di appartenere (e dalle quali possiamo uscire) come isole inserite in un mare di reciproca tolleranza. Spero che il lettore trovi qualche assonanza fra l'approccio di Kukathas e quello che ben più modestamente ho provato a raccontare nelle pagine precedenti.

L. von Mises, *Liberalismus*, Jena, Fischer, 1927; trad. it. *Liberalismo*, prefazione di D. Antiseri, Soveria Mannelli, Rubbettino, 2021.

H. Rosling, *Factfulness: Ten Reasons We're Wrong about the World – and Why Things Are Better than You Think*, New York, Flatiron, 2016; trad. it. *Factfulness. Dieci ragioni per cui non capiamo il mondo. E perché le cose vanno meglio di come pensiamo*, Milano, Rizzoli, 2018.

C. Kukathas, *The Liberal Archipelago: A Theory of Diversity and Freedom*, Oxford, Oxford University Press, 2003; trad. it. *Arcipelago liberale. Una teoria della diversità e libertà*, Macerata, liberilibri, 2011.

Oggi

Friedrich von Hayek è citato a sufficienza nel libro per non citarlo di nuovo anche qui. Per ragionare sui problemi di un'economia nella quale è lo Stato a gestire, direttamente o «di sponda», l'allocazione dei fattori produttivi, consiglierei un saggio-romanzo brillantissimo, *L'ultima favola russa* di Francis Spufford (2010; meno evocativo ma più chiaro il titolo inglese: *Red Plenty*). Si capisce di più di come funzionano le burocrazie dalla collezione di barzellette sovietiche raccolte da Spufford in coda al libro che leggendo decine di *paper* sul tema.

La storia della proprietà privata dei mezzi di produzione e il ruolo che ha svolto nel mondo occidentale è al centro di *Proprietà e libertà* (2008), l'unico grande libro di Richard Pipes che non abbia direttamente a che fare con la sola storia russa. Non si tratta di un libro esclusivamente di storia economica, Pipes studia e spiega la politica alla luce dell'esperienza del socialismo sovietico, che è quella che conosce meglio, ma non solo.

Se fosse stato scritto in inglese, *La fine dell'economia* (1986) di Sergio Ricossa oggi sarebbe considerato un classico del pensiero contemporaneo. Sfortunatamente l'autore scriveva in italiano e per giunta in un italiano scintillante, indigeribile agli scienziati sociali. *La fine dell'economia* è una formidabile meditazione sul «perfettismo». Che contagia il pensiero degli intellettuali, fino a persuaderli che la società possa essere smontata e rimontata come un Lego.

F. Spufford, *Red Plenty*, Minneapolis, Minn., Graywolf, 2012; trad. it. *L'ultima favola russa*, Torino, Bollati Boringhieri, 2013.

R. Pipes, *Property and Freedom*, New York, Knopf, 1996; trad. it. *Proprietà e libertà*, Torino, IBL Libri, 2021.

S. Ricossa, *La fine dell'economia. Saggio sulla perfezione* (1986), prefazione di E. Colombatto, Treviglio-Soveria Mannelli, Facco/Rubbettino, 2006.

Domani

Per comprendere che cosa è a rischio con gli attacchi alla globalizzazione, non c'è lettura migliore che una conferenza che Benjamin Constant tenne nel 1819, riassumendo idee che aveva già sviluppato altrove. *La libertà degli antichi paragonata a quella dei moderni* è un testo di straordinaria bellezza. Constant spiega meglio di chiunque altro che cosa sia la libertà dei moderni e suggerisce che i fraintendimenti in merito contribuiscono a spiegare ciò che è andato storto con la Rivoluzione francese. E anche dopo, potremmo aggiungere noi.

Sul cosiddetto populismo e sui frequenti errori che facciamo nell'interpretarlo, aderendo a schemi semplificanti in nome di un certo elitarismo intellettuale, fondati anch'essi su pregiudizi ancorché di segno contrario, nulla resta più suggestivo e illuminante de *La guerra della fine del mondo* (1981) di Mario Vargas Llosa. In questa, che è la vera opera-mondo dello scrittore peruviano, la vicenda di Canudos, nel Brasile di fine Ottocento, serve a raccontare le fonti del fanatismo e parallelamente quant'è facile non saperle comprendere, se si abbracciano visioni schematiche della società e di che cosa dev'essere.

La libertà è (anche) un esercizio continuo. John Lachs, uno dei maggiori studiosi contemporanei dello stoicismo, ha scritto un breve manifesto per i nostri tempi (*Lasciare in pace gli altri*), ancora più attuale nel mondo dei social.

B. Constant, *De la liberté des Anciens comparée à celle des Modernes*, 1819; trad. it. *La libertà degli antichi paragonata a quella dei moderni*, Macerata, liberilibri, 2004.

J. Lachs, *Meddling: On the Virtue of Leaving Others Alone*, Bloomington, Indiana University Press, 2014; trad. it. *Lasciare in pace gli altri. Una prospettiva etica*, Torino, IBL Libri, 2018.

M. Vargas Llosa, *La guerra del fin del mundo*, Barcelona, Plaza & Janes, 1981; trad. it. *La guerra della fine del mondo*, Torino, Einaudi, 1992.

Indice dei nomi

Playlist contro playlist

Gli autori di libri già vogliono farci leggere quello che scrivono, almeno non dovrebbero dirci cosa ascoltare quando lo stiamo leggendo. Questo principio generale dovrebbe valere soprattutto per un saggio con la parola libertà nel titolo.

Nell'offrire al lettore anche questo duello di playlist, però, gli autori hanno pensato che, più che le idee, le canzoni sono impastate di vita e di esperienze, che le idee magari cercano di razionalizzare. L'arte e l'intrattenimento si assomigliano nel dire di più, di chi ne gode, di quanto non faccia una biblioteca di filosofia. Per questo sottoponiamo queste due playlist al lettore, divise per capitoli a immagine del testo che completano. È un modo per dire al lettore chi siamo, per raccontare i nostri punti di partenza, per aiutarlo a soppesare attitudini e pregiudizi. Ovviamente, non è nostra intenzione reclutare gli artisti per l'una o l'altra causa. A eccezione di quelli che in qualche modo, con parole e musica, si sono già arruolati da soli.

ASCOLTA SU Spotify

	Emanuele Felice	**Alberto Mingardi**
Capitolo I *Etica*	*Le tengo rabia al silencio* (Atahualpa Yupanqui, cantata da Marie Laforêt)	*Subterranean Homesick Blues* (Bob Dylan)
	Madame George (Van Morrison, cantata da Marianne Faithfull)	*Everybody Wants to Rule the World* (Tears for Fears)
	Chanson pour l'auvergnat (Georges Brassens, cantata da Juliette Greco)	*Police & Thieves* (The Clash)
	Changing of the Guards (Bob Dylan, cantata da Patti Smith)	*Respect* (Aretha Franklin)
Capitolo II *Economia*	*Bella ciao delle mondine* (cantata da Francesco De Gregori e Giovanna Marini)	*Anthem* (Leonard Cohen)
	Le parole incrociate (Lucio Dalla e Roberto Roversi)	*Taxman* (The Beatles)
	Ottocento (Fabrizio De André)	*Stand and Deliver* (Eric Clapton)
	Eppure soffia (Pierangelo Bertoli)	*Mirrorball* (Taylor Swift)
Capitolo III *Politica*	*La libertà* (Giorgio Gaber)	*Won't Get Fooled Again* (The Who)
	In fila per tre (Edoardo Bennato)	*My Back Pages* (Bob Dylan) [bonus track: *My Back Pages*, Keith Jarrett]
	L'estaca (Lluís Llach, versione live Palau dels Esports, Barcellona, gennaio 1976)	*Sympathy for the Devil* (Rolling Stones)
	The Times They Are Changin' (Bob Dylan, versione live Nippon Budokan Hall, Tokyo, 28 febbraio 1978)	*No More Lockdown* (Van Morrison)

MISTO
Carta da fonti gestite
in maniera responsabile
FSC® C021883
FSC
www.fsc.org

Finito di stampare nel marzo 2024 presso
Grafica Veneta – via Malcanton 2 – Trebaseleghe (PD)
Printed in Italy

contemporanea

Ultimi volumi pubblicati:

311. Paolo Pagliaro, *Cinque domande sull'Italia. I dilemmi di un paese inquieto*
312. Carlo Trigilia, *La sfida delle disuguaglianze. Contro il declino della sinistra*
313. Francesco Strazzari, *Frontiera Ucraina. Guerre, geopolitiche e ordine internazionale*
314. Elisabetta Gualmini, *Mamma Europa. Una nuova Unione dopo crisi e scandali*
315. Andrea Graziosi, *Occidenti e Modernità. Vedere un mondo nuovo*
316. Salvatore Vassallo – Rinaldo Vignati, *Fratelli di Giorgia. Il partito della destra nazional-conservatrice*
317. Nello Cristianini, *La scorciatoia. Come le macchine sono diventate intelligenti senza pensare in modo umano*
318. Salvatore Rossi, *Breve racconto dell'Italia nel mondo attraverso i fatti dell'economia*
319. Arnaldo Testi, *I fastidi della storia. Quale America raccontano i monumenti*
320. Silvio Garattini, *Prevenzione è rivoluzione. Per vivere meglio e più a lungo*
321. Maurizio Scarpari, *La Cina al centro. Ideologia imperiale e disordine mondiale*
322. Chiara Giaccardi – Mauro Magatti, *Generare libertà. Accrescere la vita senza distruggere il mondo*
323. Piero Ignazi, *Il populista in doppiopetto. Berlusconi e la politica italiana*
324. Paolo Boccagni, *Vite ferme. Storie di migranti in attesa*
325. Nello Cristianini, *Machina sapiens. L'algoritmo che ci ha rubato il segreto della conoscenza*
326. Emanuele Felice – Alberto Mingardi, *Libertà contro libertà. Un duello sulla società aperta*